W0191905

dtv

Hamed
Abdel-Samad

Aus Liebe zu Deutschland

Ein Warnruf

dtv

**Ausführliche Informationen über
unsere Autorinnen und Autoren und ihre Bücher
finden Sie unter www.dtv.de**

Dieses Buch ist auch als eBook erhältlich.

Satz: Fotosatz Amann, Memmingen
Gesetzt aus der: Minion Pro 10,5/14˙
Druck und Bindung: CPI books GmbH, Leck
Printed in Germany · ISBN 978-3-423-28247-5

Einführung

In diesem Jahr feiert Deutschland dreißig Jahre deutsche Einheit. Auch für mich ist dieses Jahr ein besonderes. Meine Ankunft in Deutschland jährt sich zum 25. Mal. 1995 betrat ich, aus Ägypten kommend, erstmals deutschen Boden. Seitdem ist viel passiert. Mit mir, mit Deutschland und mit meiner Beziehung zu diesem Land. Ich wurde ein freier Mensch, der sich aus der Umklammerung der Religion mit all ihren Zwängen lösen konnte. Ich wurde ein freier, aber auch unbequemer Denker, ein freier, aber auch ein bedrohter Schriftsteller, der von Personenschützern begleitet werden muss. Das Land wurde in den vergangenen 25 Jahren bunter, diverser, liberaler. Und dann langsam immer polarisierter. Aus der Polarisierung wurde mit der Zeit eine tiefe Spaltung. Eine Spaltung, die zunehmend den gesellschaftlichen Frieden bedroht und die Errungenschaften dieses Landes gefährdet.

Meine Beziehung zu Deutschland verlief in mehreren Etappen: Da waren zunächst die Faszination und das Interesse an diesem Land aus der Ferne, ich war ein Betrachter von außen. Dann kam die Hoffnung auf einen Neubeginn in diesem Land, gefolgt von Überforderung, Skepsis und Enttäuschung. Auf Angst und Hadern folgte langsam das Verstehen, das Bekenntnis zu Deutschland, die Identifikation mit seinen Wunden wie mit seinen Erfolgen, mit seiner Geschichte, seinen Stärken und Schwächen und mit seinen Werten. Diese letzte Stufe der Entwicklung meiner Beziehung zu Deutschland mündete in Liebe und Verbundenheit, trotz aller Probleme, die das Land hat, und die umgekehrt auch ich mit diesem Land immer noch habe.

Ich liebe dieses Land mit all seinen Fehlern, Brüchen, Widersprüchen und Narben. Ich unterscheide nicht zwischen einem hellen und einem »Dunkeldeutschland«, nicht zwischen »Gutmenschen« und Patrioten. Ich suche mir aus der Geschichte keine dunklen Jahre und keine Sternstunden heraus, um Deutschland daran festzumachen oder es darauf zu reduzieren. Deutschland ist das Produkt all dessen, was auf seinem Boden geschah, und es ist die Summe aller Menschen, die hier leben. Es gibt für mich nur ein Deutschland, das viele Gesichter hat und viele Widersprüche in sich vereint. Diese Widersprüche zu verstehen, sie auszuhalten und daran zu wachsen, macht für mich persönlich Deutsch-Sein aus.

Vielleicht sind es gerade diese Widersprüche, die Deutschland für mich zu einem Land der Inspiration und der Hoffnung machen. Früher hatte ich fast jeden Tag ein neues Bild von Deutschland und den Deutschen. An guten Tagen, an denen ich mit mir und mit meinen Leistungen zufrieden war, erschienen mir die Deutschen zuvorkommend, höflich und weltoffen. An Tagen, an denen ich mit mir und mit meinem Leben haderte, waren sie arrogante Rassisten, die unter sich bleiben wollten und ein Problem mit Ausländern hatten. Kam ich gerade aus Ägypten zurück, waren die Deutschen für mich viel zu hektisch und zu durchorganisiert. Kam ich aber aus Japan zurück, erschienen sie mir eher langsam und unpünktlich. Erlebte ich sie bei der Arbeit, wirkten sie mir zu ernst und verbissen. Traf ich sie beim Spaziergang im Wald, waren sie gelöst und aufgeschlossen. Ich vermochte nicht, sie zu greifen, so unterschiedlich erschienen mir diese Deutschen, je nach Ereignis oder Situation. Dass dabei auch ich, meine Ängste und Unsicherheiten, eine Rolle spielten, kam mir lange nicht in den Sinn. Ich sah, was ich bestätigt sehen wollte, im Positiven wie im Negativen.

Erst als ich aufhörte, Deutschland als Projektionsfläche für meine eigenen Ängste und für meine Unzufriedenheit zu nutzen und überzogene Erwartungen zu hegen, entdeckte ich erstaun-

liche Sachen – über dieses Land und über mich selbst. Ich stellte
fest, dass Deutschland mir sehr ähnlich ist. Wir haben beide einen
sehr langen Weg zu uns selbst zurückgelegt. Ein Weg, der von
Selbstüberschätzung, Zerrissenheit, Wut, Aggression, Selbsthass
und Schuldgefühlen, aber auch von Selbstkritik, Selbstverantwortung und Selbstüberwindung gekennzeichnet ist. Wir haben
beide eine Art frühkindliche Störung und ein Trauma erlitten, das
bis heute posttraumatische Verhaltensstörungen mit sich bringt.
Wir waren beide lange stark auf das Unheil in unserer Geschichte
fixiert und versuchten, auf seinen Trümmern eine Identität und
ein Wertesystem zu errichten, das sich vor allem in Abgrenzung
zum Vergangenen definiert. Wir neigten beide in der Vergangenheit dazu, von einem Extrem ins nächste zu wechseln. Aber wir
beide wagten es auch, uns für die westlich-freiheitliche Lebensweise zu öffnen, obwohl unsere früheren Identitäten gleichsam
als Antithese dazu galten. Wir wagten beide den Wandel und zer-
brachen nicht an den Veränderungen, obwohl wir immer noch
verwundbar sind.

Wenn ich heute sage: »Ich bin Deutschland«, dann meine ich
das auf einer anderen Ebene als viele Menschen, die sich mit
Deutschland identifizieren. Es ist für mich nicht Ausdruck von
Nationalismus oder Patriotismus, sondern Ausdruck der vielen
gegensätzlichen Erfahrungen, die dieses Land zu dem gemacht
haben, was es heute ist. Und wenn ich sage: »Ich liebe Deutschland«, dann ist das in gewisser Weise auch ein Liebesbekenntnis
an mich selbst. Deshalb wird dieses Buch auch zwischen poli-
tisch-historischer Analyse und Berichten über meine persönlichen Erlebnisse in und mit Deutschland wechseln. Ich habe in
den vergangenen 25 Jahren Deutschland aus zwei Perspektiven
kennengelernt. Aus der des Ausländers, der sich zunächst durch
die Beschäftigung mit den üblichen Kulturklischees Zugang zur
deutschen Identität verschaffen wollte: Ich hörte Wagner und
Beethoven, probierte Schwarzbrot und Hefeweizen, lauschte

Volksliedern, beschäftigte mich mit Goethe und Schiller, mit der wechselvollen Geschichte, mit Fußball und dem Wald. Je länger ich hier lebte, umso mehr wechselte die Außensicht einer Innensicht. Ich versuchte zu verstehen, was die »deutsche Seele« ausmachte. Heute bin ich deutscher Staatsbürger, mein Wissen über dieses Land ist in Teilen erlebt, in Teilen durch die Beschäftigung mit Literatur, Philosophie und geschichtlichen Werken »erlesen«. Weil ich in einer anderen Kultur sozialisiert wurde, habe ich mit manchen Dingen weniger Probleme als meine deutschen Freunde. Mit Begriffen wie Nation, Identität, Heimatliebe oder dem, was gemeinhin als deutsch gilt. Ich habe aber auch kein Problem damit, das Wertesystem und die Errungenschaften dieses Landes als etwas sehr Positives hervorzuheben und die Notwendigkeit eines gemeinsamen Konzepts für das Zusammenleben zu betonen. Wenn westlich-liberale Wertvorstellungen mit dem Verweis auf Multikulturalismus ausgehebelt werden, habe ich damit ein Problem.

Ich möchte Ihnen, liebe Leser, mein Deutschland näherbringen. Ich will Ihnen erklären, was ich an diesem Land so schätze, will Ihnen aber auch meine Sorgen über das, was gerade in Deutschland geschieht, nicht vorenthalten. Ich halte es für meine Bürgerpflicht, meine Gedanken über die Vergangenheit, die Gegenwart und die Zukunft dieses Landes mit anderen auszutauschen – als Teil eines Dialogs, der dringend nötig ist, um die gegenwärtigen Herausforderungen zu meistern. Alle, die diesen ehrlichen Dialog durch Demagogie, Gesinnungsethik, Moralisierung, Maulkörbe und Denkverbote behindern, fügen dem Land großen Schaden zu und hindern es daran, seine Potenziale zu entfalten.

Ich habe diesem Buch den Titel »Aus Liebe zu Deutschland« gegeben. Aus Dankbarkeit für die Freiheit, die ich hier genießen darf, aber auch aus Sorge um den inneren Frieden und die Errungenschaften dieses Landes, die wir nicht leichtfertig verspielen sollten. Wir müssen gewappnet sein, um Gefahren von außen wie von innen abwehren zu können. Dafür müssen wir uns aber bewusst werden, was Deutschland wirklich ausmacht. Was Deutsch-Sein bedeutet und was Deutschland – über die Zeitläufte hinweg – im Innersten zusammenhält. Wir müssen uns die Frage stellen, woher plötzlich die starke Polarisierung kommt, die unsere Gesellschaft spaltet und lähmt. Wir müssen uns fragen, welche Werte für uns noch unverrückbar sind und wie wir mit dem gewachsenen Einfluss von Islamisten umgehen. Und wir müssen uns damit auseinandersetzen, wie es zu dem starken Aufschwung von Populisten und Rechten kommen konnte und welche Rolle die Diskursverengung durch die politische Linke dabei spielt.

Es gibt ein ganzes Bündel an Fragen, auf die ich versuchen möchte, eine Antwort zu finden. Manche stehen für sich, andere hängen miteinander zusammen, sind Folge von oder bedingen einander. Die dahinterliegenden Probleme aber können – ungelöst – alle eine toxische Wirkung für die Gesellschaft entfalten. Es geht um Fragen, wie die folgenden: Wie kam es zu dieser vergifteten Streitkultur einerseits und zum Schweigen der vielen in der Mitte andererseits? Ist die Meinungsfreiheit wirklich in Gefahr, oder glauben viele Deutsche immer weniger an Freiheit und Demokratie? Warum wird das Land immer attraktiver für Migranten und Flüchtlinge, während gebildete Eliten und qualifizierte Fachkräfte einen Bogen um Deutschland machen? Warum finden viele eine Willkommenskultur gut, eine Leitkultur aber dumpf, nationalistisch und rassistisch? Tatsächlich haben wir viele Sub-Leitkulturen, die ideologisch den Ton bei den Debatten angeben, wie etwa die linksliberale, die rechtskonservative und auch die islamische, die jede für sich Exklusivität und Allgemeingültigkeit zugleich beanspruchen. Wir brauchen stattdessen eine gesamtdeutsche Leitkultur, die auf gemeinsamen Werten, nicht auf ideologischen oder gar religiösen Fundamenten basiert. Eine Leitkultur, die das Verbindende betont, statt das Trennende zu feiern.

Ohne diese Leitkultur macht eine Willkommenskultur keinen Sinn, denn eine unsichere Identität lädt diejenigen, die neu dazukommen, nicht zu Integration und Teilhabe ein, sondern ermutigt sie zu Rückzug und Abgrenzung.

Wohin entwickelt sich unsere Gesellschaft angesichts der großen Herausforderungen, vor denen sie steht? Wie umgehen mit der noch immer nicht verarbeiteten und bewältigten Flüchtlingskrise des Jahres 2015 und all dem, was mit ihr einherging? Wie umgehen mit der nächsten Welle, mit den Menschen, die unter unwürdigen Umständen in Lagern in der Türkei und in Griechenland ausharren, die in Syrien immer mehr zwischen die machtpolitischen Fronten geraten, während man in Brüssel vergeblich europäische Solidarität anmahnt? Wie umgehen mit dem wiedererstarkenden Antisemitismus, mit Ausgrenzung und Hass in den sozialen Medien und im Alltag? Wie umgehen mit der Verachtung, die denen »da oben« entgegenschlägt, Vertretern der Politik und Zivilgesellschaft, die immer mehr zur Zielscheibe werden, die bedroht werden und sogar ihr Leben verlieren?

Mit all diesen Fragen im Gepäck bin ich durch die Republik gereist und habe mit Politikern, Wissenschaftlern, Historikern, Künstlern und Intellektuellen geredet. Ich habe ihnen von meinem Deutschland berichtet und mit ihnen darüber diskutiert, wie sie das Land heute sehen. Wie hat es sich in der vergangenen Dekade verändert? Wofür steht es? Und wohin steuert es?

Ich habe gegenüber den meisten Deutschen den Vorteil, dass ich die Entwicklung des Landes aus der Distanz verfolgen und dennoch Teil des Prozesses sein kann. Ich gehöre nicht zu jenen Migranten, die nur das Gute in Deutschland erkennen und es als gelobtes Land sehen; ich gehöre aber auch nicht zu jenen, die ständig Forderungen stellen und über das, was ihnen hier nicht gefällt, meckern, ohne einen Beitrag zur Lösung zu leisten. Ich kann das Gute sehen und schätzen, möchte aber auch die Probleme thematisieren, die dieses Gute bedrohen. Ich möchte versuchen zu verstehen, wie die Dinge zusammenhängen. Das Verstehen, der Prozess des Bewusstwerdens, verhindert einen einseitigen Blick. Und es bremst Verbitterung und Wut ebenso wie Selbstgefälligkeit und Hybris.

Ob politisch, wirtschaftlich oder gesellschaftlich – Deutschland hat außergewöhnlich viel geschafft, und die Menschen, die dazu einen Beitrag geleistet haben, können sehr stolz auf sich sein. Das Land musste mehrere Traumata durchleben, um sein Gleichgewicht zu finden. Doch dieses Gleichgewicht droht jetzt aus der Balance zu geraten. Das hängt mit Problemen zusammen, die sich wie die Glieder einer Kette aneinanderfügen: Eine Vergangenheit, die nicht vergeht, und eine Zukunft, die Angst macht. Eine fehlende gemeinsame Identität, die in der Vergangenheit zu Selbstüberschätzung und Narzissmus führte. Man wollte einen Platz an der Sonne und bekam die Niederlage im Ersten Weltkrieg und den Vertrag von Versailles gleich obendrauf. Die Folge war eine gekränkte Nation, die die Kränkung mit noch mehr Narzissmus und Aggression zu bekämpfen versuchte. Die Gräuel des Zweiten Weltkriegs erzeugten erst Verdrängung und Schweigen, dann Schuldgefühle.

Wenn Schuldgefühle eine Debatte hemmen oder steuern, ist eine sachlich-rationale Analyse unmöglich. Wenn wir gut sein wollen, nur weil wir das Bild des »bösen Deutschen« fürchten, haben wir nicht die richtigen Schlüsse gezogen, sondern eine Erinnerungskultur hervorgebracht, die mäandert zwischen »nie wieder« und einer Erinnerungsabwehr in Sinne von »nun muss aber mal gut sein«.

Die Folgen eines emotional und verengt geführten Diskurses sind eine zunehmende Spaltung und Polarisierung, und falsche Schlussfolgerungen und Entscheidungen, beispielsweise in der Migrationspolitik. Aber auch bei anderen Themen – bei der Umweltpolitik, bei Fragen zu Europa und dem Euro, zur Corona-Krise oder dem Umgang mit der AfD etwa – findet ein offener und sachlicher Diskurs immer weniger statt. Abweichende Meinungen werden zunehmend nicht nur ignoriert, sondern als Gefahr dargestellt, was wiederum zu noch mehr Spaltung und Entfremdung führt. Selbst viele Politiker tappen in die Moralisierungsfalle, statt klare Konzepte und Visionen zu entwickeln. Bei vielen entscheidenden Themen, die unsere Gesellschaft in Zeiten des Wandels verunsichern, mahnen und warnen Wissenschaftler, statt zu analysieren. Journalisten belehren, statt neutral zu berichten. Und jeder hat Angst vor jedem: Die Rechten vor dem Islam und der »Überfremdung«, die Muslime vor dem Verlust ihrer Identität, die Parteien der Mitte vor dem Rechtsruck, die Grünen vor dem Klimawandel. Die Linken haben Angst vor dem entfesselten Kapitalismus, die Rechten vor der Ökodiktatur. Jeder hat seine Apokalypse als Wegweiser vor Augen und meint, seine Apokalypse sei die größte und wahrhaftigste. Angst und Polarisierung verhindern einen Verständigungsprozess über die gemeinsamen Werte und die Art, wie die großen Herausforderungen gemeistert werden können.

»Nazi«, »Klimaleugner«, »Merkel-Versteher«, »Pack«, »Corona-Leugner«, »Islamphobiker«, »Verschwörungstheoretiker« … solche Begriffe geben die Seiten vor, auf denen jemand vermeintlich steht, sie dominieren den Diskurs und machen den notwenigen Verständigungsprozess unmöglich. Denn jede Seite definiert sich durch die Abgrenzung zur jeweils anderen, die gleichzeitig als Gefahr dargestellt wird. Die Art und Weise, wie Diskussionen in den sozialen Netzwerken und in den Kommentarspalten mancher Zeitungen geführt werden, zeigen, wie düster es um die Debattenkultur im Land bestellt ist. Man muss nur Begriffe wie »Klima«, »Greta«, »Flüchtling«, »Islam«, »Brexit«, »Corona«, »Trump«, »Merkel« oder den Namen eines anderen Politikers, egal aus welchem Lager, nennen, dann wird sofort mit Leidenschaft verspottet, unterstellt und gedroht. Aus allem wird ein Politikum, selbst aus der Wahl des Christkindes in Nürnberg, weil das Mädchen einen Migrationshintergrund hat. Ein Satiriker wird gemobbt, weil er das Auftreten von Greta Thunberg bei der UN kritisiert. WDR-Redakteure bekommen Morddrohungen, weil der Kinderchor des Senders ein satirisches Lied singt, das Omas für den Klimawandel verantwortlich macht. Als der »Umweltsau-Song« aus dem Netz genommen wird, wogt die nächste Empörungswelle hoch – gegen die »Einknicker« beim Sender.

Gerade im Netz scheinen viele Nutzer geradezu zwanghaft dem Reflex folgen zu müssen, unausgereifte und unreife Gedanken, infantile Emotionen und jede Menge Hass und diffuse Ängste in die Debatte einbringen zu müssen. Man schreit irgendetwas, um gehört zu werden oder um wenigstens die anderen zum Schweigen zu bringen.

Aber auch jenseits der sozialen Medien hört kaum jemand ernsthaft und ideologiefrei zu, um zu verstehen oder sich in die Lage des Anderen zu versetzen. Offenbar braucht es Feinde und Feindbilder, die man verantwortlich für das machen kann, was (vermeintlich oder tatsächlich) schiefläuft. In ihrem Furor entfernen sich alle von den Eigenschaften, die Deutschland besonders machen: Ambivalenz im Sinne des Abwägens und Ringens um eine Entscheidung, Konsensfähigkeit und Vielschichtigkeit! Nicht das Eindimensionale macht dieses Land aus, sondern das Prozessuale.

Das ist anstrengend, das kostet Zeit und das bedeutet, dass es auf komplexe Fragen zu unserer Gegenwart und Zukunft keine einfachen Antworten geben kann. Die Geduld, die eine intensive sachorientierte Durchdringung eines Problems erfordert, scheint vielen inzwischen jedoch zu fehlen. Das hat man auch während der jüngsten Krise rund um die Corona-Pandemie gesehen. Anfangs schien es, dass die Krise die Polarisierung im Land schwächen würde, da die Menschen nun begreifen würden, dass sie alle in einem Boot sitzen und auf Solidarität und Vernunft angewiesen sind. Tatsächlich gewannen die Parteien der Mitte wieder mehr Vertrauen in der Bevölkerung, als Krisenmanager, die das Schiff Deutschland auf Sicht durch unbekannte Gewässer lenken. In Umfragen büßten die Oppositionsparteien Zustimmung ein – keines ihrer Themen kam gegen Corona an. Doch je länger die Krise andauerte, und je länger die Menschen zuhause bleiben mussten, desto mehr Gehör fanden Fake News und Verschwörungstheorien. Die realen Ängste vor der Seuche haben alte, zum Teil versteckte Ängste wieder aktiviert. Angst und Hilflosigkeit erzeugen Wut, und Wut lässt sich am leichtesten kanalisieren, wenn man sie gegen jemanden oder etwas richten kann. Deshalb suchen die Wütenden nach Sündenböcken, auf die sie die eigenen Ängste projizieren können. »Die da oben«, die Chinesen, Bill Gates, ja sogar die Flüchtlinge dienten als Projektionsfläche, als Verantwortliche für die »Chinesische Seuche«, ein Begriff, mit dem Donald Trump eine gemeinsame Erklärung der G7-Außenminister zum Umgang mit der Pandemie torpedierte. Der *Spiegel* sah darin einen weiteren Beleg für Trumps Kampf gegen den Multilateralismus und prognostizierte düster: »Corona vernichtet die letzten Reste der bestehenden Weltordnung.«[1]

Die Kanzlerin hat bereits mehrfach gefordert, Europa müsse lernen, auf eigenen Füßen zu stehen. Deutschlands Rolle dabei zu definieren, fällt den Verantwortlichen jedoch häufig schwer. Weil man glaubt, im Blick in den Rückspiegel den Weg in die Zukunft sehen zu können. Man fürchtet sich davor, eine klare Führungsposition zu übernehmen, obwohl man sich als demokratisch gefestigtes Mitglied der westlichen Wertegemeinschaft erwiesen hat. Es scheint, als traue man sich selbst nicht über den Weg.

Dieses fehlende Selbst-Bewusstsein hat meines Erachtens auch damit zu tun, dass den Deutschen nach wie vor drei Säulen für eine gefestigte, gemeinsame Identität fehlen: Ein Gründungsmythos für die Nation, eine gelebte Erinnerungskultur und ein klares Bekenntnis zu den Spielregeln, die das Zusammenleben von Menschen unterschiedlicher Herkunft regeln. Weder die

Varus-Schlacht im Jahre 9 n. Chr. noch die Gründung des Heiligen Römischen Reichs im Spätmittelalter oder die des Deutschen Reichs zu Bismarcks Zeiten taugen heute als identitätsstiftende Gründungsmythen. Viele sagen, die Verabschiedung des Grundgesetzes nach dem Zweiten Weltkrieg sei die Geburtsstunde der neuen deutschen Identität. In der Tat ist unsere Verfassung eine der besten und modernsten der Welt. Doch das Grundgesetz kam als Reaktion auf die Katastrophe des Dritten Reiches. Es regelt die Beziehung zwischen den Bürgern und dem Staat, nicht aber unter den Bürgern selbst.

Abgesehen davon lässt sich die Frage stellen, ob das Ergebnis eines Traumas identitätsstiftend sein kann? Manchmal hat man tatsächlich den Eindruck, als sei dieses Trauma selbst, die Katastrophe des Dritten Reiches, der einzige verbliebene, traumatisch-belastete Gründungsmythos des Landes. Auf allen Seiten ist eine starke Fixierung auf das historische Trauma Deutschlands zu beobachten. Wenn man von einem SPD-Politiker wie Heiko Maas hört, er sei wegen Auschwitz in die Politik gegangen, wenn man Parolen wie: »Nie wieder Krieg« oder sogar: »Nie wieder Deutschland« hört oder einordnende Sätze wie: »In Anbetracht unserer Geschichte …«, dann merkt man, dass die Guten gut sein wollen, indem sie sich auf das Böse beziehen bzw. davon abgrenzen. Sie konstruieren eine auf Schuld basierende Identität, in der das Gute nur durch Verdammung des Bösen zur Geltung kommen kann.

Auf der anderen Seite gibt es die von der AfD angeführten Diskussionen über die jüngere Vergangenheit, in denen man erkennt, dass es Teile dieser Gesellschaft gibt, die ihre Identität auf der Befreiung von Schuld errichten, auf der Relativierung oder Verklärung der Geschichte. Man denke nur an Alexander Gaulands »Vogelschiss der Geschichte« oder Björn Höckes »Denkmal der Schande«. Während die einen über solche Äußerungen jubeln, reagiert das Mitte-links-Lager auf solche Aussagen eher verkrampft. Es wird nicht sachlich argumentiert, sondern abgebügelt. Doch ein »So etwas darf man nicht sagen« wird auf der Gegenseite nur noch stärker ein »Das wird man ja wohl noch sagen dürfen« hervorrufen. Dass der Impuls der Relativierung dadurch nicht verschwindet, der Unwille, auch heute noch Verantwortung für die Vergangenheit zu übernehmen, lässt sich am Erfolg der Partei nicht zuletzt bei den Wahlen in Thüringen beobachten.

So oder so scheint es tatsächlich so zu sein, dass Deutschland nach wie vor mehr von der Vergangenheit regiert wird. Indem man sich auf sie bezieht, sich von ihr loszusagen versucht oder sich von ihr abgrenzt. Was bedeutet das für die Gegenwart?

Der Umgang mit der Flüchtlingskrise, mit den Themen Islam, Integration, Antisemitismus, Rechtsruck und dem Aufstieg der AfD ist kaum pragmatisch und zukunftsorientiert, sondern ideologisch eingefärbt, angst- und vergangenheitsgesteuert. Man geht mit Deutschland um wie mit einem trockenen Alkoholiker, der jederzeit rückfällig werden kann. Die wichtigsten Debatten im Lande stehen, soweit sie öffentlich ausgetragen werden, im Schatten des dunkelsten Kapitels der deutschen Geschichte. Das ist verständlich, aber wem hilft das eigentlich? Haben wir deshalb weniger Rechtsradikalismus? Nein. Haben wir weniger Rassismus und Antisemitismus? Nein. Sind Demokratie und Freiheit deshalb fester in unseren Herzen verankert, als anderswo? Nicht unbedingt.

Der lange Schatten führt meines Erachtens dazu, dass eine gefestigte Identität verhindert wird. Eine Identität, die sich selbstbewusst gegen jede Form von Unfreiheit, Zensur, Erpressung und Demokratiefeindlichkeit behauptet. Stattdessen gibt es eine Art von Negatividentität, geboren aus dem Impuls des »Nie wieder«. Und diese Form der Identität ist anfällig für ideologische Einflussnahme, weil die Notwendigkeit beispielsweise für Toleranz und Offenheit nicht aus sich selbst heraus erkannt wird. Die einen hegen ein fragwürdiges Verständnis von Toleranz, das das eigene Nationalbewusstsein als »völkisch« und »identitär« zurückweist, während importierte Nationalismen und tribale religiöse Strukturen im Namen der Vielfalt und Toleranz nicht nur akzeptiert, sondern manchmal beinahe hofiert werden. Die anderen weisen jede Art von Vielfalt zurück und fürchten um das »Wohl des deutschen Volkskörpers«. Der Migrant wird so ebenso zur Zielscheibe wie jeder, der sich für ihn einsetzt.

Und genau hier zeigt sich, dass es fatal sein kann, eine moderne deutsche Identität auf den Trümmern des Dritten Reiches zu errichten. So hat die linke Übertoleranz mit neuen Minderheiten dazu geführt, dass sogar antisemitische Tendenzen in den eigenen Reihen verharmlost werden. Und dass Minderheiten per se nur Opfer sein können. Umgekehrt haben Migration und Flüchtlingsströme den rechten Rand gestärkt, was eine Gefahr sowohl für das jüdische Leben in Deutschland als auch für Migranten insgesamt darstellt. Weder das eine noch das andere ist Zeichen von Pluralismus und Toleranz. Die Polarisierung befördert einerseits Selbstaufgabe und andererseits kann sie als Anstiftung zur Radikalisierung von Migranten und Alteingesessenen zugleich verstanden werden.

Ein Land, das sich seiner Identität und Werte nicht sicher ist, kann weder dem eigenen Volk ein stabiles Selbstwertgefühl geben, noch kann es Einwanderern eine attraktive Identität anbieten oder eine selbstbewusste Rolle in der Staatengemeinschaft übernehmen. Es kann weder das eigene Volk auf den Wandel vorbereiten noch kann es neue Bürger wirklich integrieren. Wenn klare gemeinsame Werte und Spielregeln fehlen, entsteht ein Vakuum, das extremistische Kräfte von links wie von rechts zu füllen versuchen. Und die Mitte schweigt verunsichert.

Aber gibt es nicht vielleicht doch einen positiven Gründungsmythos, zumindest für die deutsche Demokratie? Das Hambacher Schloss im rheinland-pfälzischen Neustadt an der Weinstraße könnte ein Symbolort für diesen Mythos sein. Hier war mit dem Hambacher Fest 1832 die erste deutsche Demokratiebewegung entstanden, die für Freiheit und Einheit plädierte. Auch in den Revolutionen von 1848/1849 lassen sich neue Ströme der deutschen Demokratie finden. Das Grundgesetz der Bundesrepublik basiert auf dem Verfassungsentwurf, der damals in der Frankfurter Paulskirche ausgearbeitet wurde. Ebenso war die Weimarer Republik getragen von einem liberalen, demokratischen Geist, der jedoch gegen innere Feinde und äußere Feindbilder nicht ankam.

In den Gedanken und Werken deutscher Philosophen, Literaten und Staatstheoretiker war der Ruf nach Freiheit immer da. In der 68er-Bewegung und, Jahrzehnte später, bei den Montagsdemonstrationen 1989 in Leipzig und anderen Orten der damaligen DDR war dieser Geist allgegenwärtig. Wo ist dieser Geist heute geblieben, wo man so dringend mehr Demokratie und Freiheit braucht? Warum schweigt die bürgerliche Mitte und lässt die radikalen Ränder den Diskurs bestimmen? Wie konnte es zu einer solchen Entpolitisierung dieses Teils der Bevölkerung kommen?

Dabei waren es gerade »Rebellen« aus dem bürgerlichen Lager, die sich in der Vergangenheit für Freiheit und Demokratie eingesetzt haben. Man denke an den Aufstand der Bürger von Bamberg gegen die Kirche im 14. Jahrhundert und dem daraus resultierenden Bau eines Rathauses mitten im Fluss, nachdem der Erzbischof sich geweigert hatte, ein Stück Land zur Verfügung zu stellen. Man denke an Martin Luthers Rede im Rathaus von Worms, den Widerstand der Geschwister Scholl, des Kreisauer Kreises und der »Verschwörer« des 20. Juli um Stauffenberg. Genau in ihrem rebellischen und freiheitlichen Geist liegt die Hoffnung für Deutschland. Menschen wie sie haben ihre Beziehung zur Freiheit reflektiert, diese nicht als selbstverständlich betrachtet und sich gegen Einschränkungen zur Wehr gesetzt.

Interessant ist dabei, dass Deutschland in seiner Geschichte fast immer der Getriebene war, nicht der Treiber. Fast immer kam die Wende von außen, ob durch die Römer, Napoleon oder die Alliierten. Oft war der Krieg der Motor, das Ausbluten Anlass zum Umdenken. Und immer schärfte Deutschland die Konturen seiner Identität durch eine Bedrohung, durch die Abgrenzung von einem Feind. Nun lebt Deutschland seit 75 Jahren in dauerhaftem Frieden mit seinen Nachbarn und seit sechzig Jahren in Wohlstand. Genug Zeit eigentlich, um über ein neues nationales Bewusstsein nachzudenken und eine fest verankerte demokratische Kultur zu entwickeln, zumal ja schon seit Beginn des 19. Jahrhunderts freiheitliche Bewegungen das politische Leben in Deutschland mitgeprägt haben. Doch der Prozess der Demokratisierung nach dem Krieg wurde offenbar nicht ausreichend mit eigenen Ideen und Werten gefüttert. Der politische und wirtschaftliche Nutzen der Demokratie scheint im Rückblick wichtiger gewesen zu sein als die Bedeutung der freiheitlichen Prinzipien für das Individuum. Dazu kommt, dass die alten Geister, die einst gerufen wurden, auch heute nicht so recht weichen wollen. Statt den Kampf gegen diese antidemokratischen Kräfte zum Anlass zu nehmen, um die Demokratie weiterzudenken, ruft diese Auseinandersetzung eher Angst und Selbstzweifel hervor. Und so droht das Land eine goldene Chance zu verspielen, sich selbst aktiv zu verändern, bevor die nächste Veränderung von außen kommt – durch künstliche Intelligenz etwa, neue Migrationswellen, ausgelöst durch Kriege und den Klimawandel oder durch das neue Abgleiten mancher Länder inmitten der Europäischen Union in Nationalismus und Protektionismus.

Die Demokratie erlebt nicht nur in Deutschland eine Zerreißprobe. Es ist eine globale Entwicklung, in Teilen sicher eine Reaktion auf die Globalisierung, aber nicht nur. Es braucht internationale und nationale Konzepte zugleich, um nicht in eine langfristige Demokratiekrise zu stürzen. Oft wird das Wachsen der politischen Ränder und deren Misstrauen gegenüber Demokratie und Pluralismus als Ausdruck dieser Krise gesehen. Doch diese Sichtweise greift zu kurz. Die Krise der Demokratie ist in erster Linie eine Krise der Mitte, die immer unmündiger, unpolitischer, angstgesteuerter und somit erpressbarer wird. Sie wird zum Getriebenen äußerer und innerer Entwicklungen, gibt das Heft des Handelns aus der Hand. Ihr Glaube an die Freiheit schwindet und somit auch ihr Glaube an sich selbst.

Das ist aktuell kein rein deutsches Phänomen, auch in vielen etablierten Demokratien wie in Frankreich und den USA erodiert die Mitte im Zuge der Globalisierung und fühlt sich machtlos gegenüber nationalen und internationalen Entwicklungen. Doch da, wo die Demokratie eine lange Tradition hat, verfügt die Bevölkerung über eine Art Rückversicherung: einen Gründungsmythos, ein Nationalbewusstsein und den Glauben an gemeinsame Werte. Überspitzt könnte man sagen, dass die Franzosen auf eine lange Tradition der »Selbstermächtigung« zurückblicken: Sie haben die Monarchie mit dem Sturm auf die Bastille gestürzt, und sie gehen auch heute noch häufiger auf die Barrikaden, wenn sie mit einer Entscheidung aus dem Élysée-Palast nicht einverstanden sind. Der deutsche Michel hingegen war eher Untertan. Er beugte sich Napoleon, den Reichsfürsten, dem deutschen Kaiser, Hitler oder den Alliierten. Als Richard von Weizsäcker 1985 in seiner Rede anlässlich des vierzigsten Jahrestages des Kriegsendes am 8. Mai von einem »Tag der Befreiung« sprach, stieß das nicht überall im Land auf Zustimmung.

Deutschland war selbst häufig weniger Motor von Umwälzungen als Stütze der jeweiligen Herrschaftsstruktur. Natürlich gab es auch hierzulande immer Gegenbewegungen. Einige dieser »Rebellen« habe ich bereits erwähnt, dazu kommen Philosophen wie Horkheimer, Marcuse und Fromm, die schon in den 1920er-Jahren über Freiheit, Autorität und Familie revolutionäre Gedanken veröffentlicht haben, um nur einige Beispiele zu nennen. Es gab die Anarchisten, die Künstler und Schriftsteller, die sich quergestellt haben. Doch sie konnten die Herrschaftstreue gewisser Schichten nicht wirklich durchbrechen. Selbst nach dem Krieg und dem Wirtschaftswunder versteckte sich das Bürgertum weit-

gehend hinter der starken politischen Führung und den funktionierenden Institutionen und war mehr mit Besitzstandwah-
rung beschäftigt, als mit gesellschaftlicher Mitgestaltung. Die
neuen Entwicklungen und Herausforderungen in Deutschland,
in Europa und in der Welt lassen es aber nicht länger zu, dass die
Mitte sich versteckt.

Dieses Buch ist ein Appell an die Mitte, mehr zu tun, um die
Demokratie und die Freiheit zu verteidigen. Sie hat auf den
Gebieten der Wirtschaft, der Bildung, der Kunst und Kultur viel
für dieses Land getan. Nun ist die Mitte aufgefordert, an einem
neuen Gesellschaftsvertrag mitzuwirken. Einem Gesellschaftsvertrag nicht zwischen Staat und Bürgern, sondern zwischen den
Bürgern selbst. Dieser Vertrag kann nur nach einer offenen und
mutigen Wertedebatte geschlossen werden, die von der Zivilgesellschaft geführt wird. Es spielt dabei keine Rolle, ob wir das
Ergebnis mit Leitkultur, Leitwerten oder einem anderen Begriff
versehen. Viel wichtiger ist, dass diese Debatte endlich geführt
wird. Sie kann zum Beginn eines Selbstverständigungsprozesses
einer pluralistischen Gesellschaft werden, zur Grundlage einer
gemeinsamen Identität und eines gemeinsamen Bewusstseins für
das, was dieses Land ausmacht. Intellektuelle und Journalisten,
Arbeiter und Migranten, Liberale und Konservative, Studenten
und Professoren, Fromme und Religionskritiker müssten daran
beteiligt sein. Das wird nicht leicht werden, denn viele widersprüchliche Positionen und Emotionen müssen zusammengebracht werden. Doch ohne diese Debatte und die daraus resultierenden verbindlichen Regeln sind die nationalen und globalen
Herausforderungen, vor denen wir stehen, nicht mehr zu meistern.

Kapitel 1

Wer sind wir? Fluch und Segen einer gemeinsamen Identität

Moderne Identitäten in einer pluralistischen Gesellschaft müssen einen Spagat bewältigen zwischen der Bewahrung der eigenen Traditionen und der Befreiung von den Zwängen, die aus eben diesen Traditionen entstehen. Die modernen deutschen Identitäten vereinen viele widersprüchliche und konfliktbeladene Elemente, die die Träger dieser Identitäten mehr belasten als beglücken. Die eine Identität setzt auf Rückzug, Homogenität und Nationalstolz. Die andere auf Öffnung, Vielfalt und Erinnerungskultur. Die einen berufen sich auf alte Reiche und Mythen und wünschen sich eine Rückkehr in jene Zeiten, wo man noch »unter sich« war. Die anderen schärfen ihre Identität durch die Ablehnung dieser alten Mythen. Beide Identitäten fußen auf der Abgrenzung von und der Gegnerschaft zur jeweils anderen. Beide sind vergangenheitsbezogen. Die einen verklären und relativieren die eigene Vergangenheit und wollen sich von Schuld befreien, die anderen agieren genau aus diesem Schuldbewusstsein heraus. Die Vergangenheit wird zum Kompass für das Handeln der Gegenwart.

Dazu kommen Migranten mit eigenen Traditionen und Konzepten von Identität, die teils ebenfalls auf alten Mythen und Reichsfantasien gründen. Interessanterweise finden konservative Migranten, die für Rückzug und Besinnung auf alte Traditionen stehen, Verbündete nicht unter rechtskonservativen Deutschen, sondern unter den weltoffenen Linksliberalen, die nicht viel von eigenen Traditionen und alten Reichen halten. Sie, die früher von der Idee des Klassenkampfs gelebt haben, führen den Kampf heute entlang der Identitäten. Sie kämpfen nicht länger gegen die

Bourgeoisie, sondern an der Seite von Migranten gegen »alte weiße Männer«, die der Migration skeptisch gegenüberstehen. Die Rechten geben sich dagegen bürgerlich und freiheitlich, doch die Freiheit wollen sie sich selbst vorbehalten, Andersdenkende oder -lebende ausgrenzen. Ihr »Ethnopluralismus« meint letztlich nichts anderes als »Deutschland den Deutschen«.

Und so wird das Land zum Austragungsort eines gesinnungsethischen Ringens von unterschiedlichen Identitätskonzepten, die sich jede auf ihre Weise gegen die Moderne, die Aufklärung und die offene Gesellschaft richten. Denn je mehr sich das Land öffnet, desto mehr ziehen sich diejenigen zurück, die Angst vor der Freiheit, vor Relativismus und Ambivalenz haben. Und je mehr sich das Land öffnet für Gruppen, die mit dem westlichen Freiheitsbegriff nichts anfangen können, umso gravierender sind die Folgen, wenn wir nicht über einen gefestigten Wertekanon verfügen, sondern bereit sind, Teile davon im Namen der Toleranz preiszugeben.

Wenn die Mitte sich aus der Werte- und Identitätsdebatte zurückzieht, bestimmen die lauten Stimmen von rechts und links den Diskurs. Natürlich ist das Thema Identität konfliktbeladen und birgt Potenzial für emotionale und politische Eruptionen. Doch es ist ein zu wichtiges Thema, um es der Rückzugspolitik der Nationalisten oder der Multikulturalismus-Doktrin der Linken zu überlassen. Gleichwohl gehören beide Seiten zur unbedingt notwendigen Debatte dazu. Ein offener Dialog bedeutet, dass keiner ausgeschlossen werden darf. Es bedeutet aber auch, dass es einer aktiven Beteiligung der Mitte bedarf.

Aus meinem eigenen Ringen mit Identitätsfindung kann ich vier Dimensionen ableiten, die für unser Thema relevant sind: Orientierung, Geborgenheit, Abgrenzung und Abwehr.

Zur Orientierung braucht man eine Kontinuität in seiner Umgebung, die etwa durch eine gemeinsame Sprache, Rituale, Werte, einen Verhaltenskodex und Ähnliches bestimmt wird. Diese

Dimension ist die Voraussetzung dafür, dass man seine Umgebung verstehen kann. Würde man jeden Tag mit einer neuen Sprache oder neuen Spielregeln konfrontiert, entstünde Verwirrung und Unsicherheit.

Geht es in der ersten Dimension darum, die eigene Umgebung zu verstehen und daraus Kriterien für das eigene Handeln abzuleiten, ist die zweite Dimension der Identität dafür zuständig, das Gefühl, verstanden und akzeptiert zu werden, zu vermitteln. Hier spielen die Emotionen eine entscheidende Rolle. Es geht um Geborgenheit, ein Gefühl der Zusammengehörigkeit, um gemeinsame Erfahrungen und Erinnerungen. Aber auch um Glauben und Aberglauben, um Gerüche und Klänge, Temperaturen und Temperamente.

Hat man sich mit einer Gemeinschaft rational (Dimension eins) und emotional (Dimension zwei) identifiziert, fängt man an, seine Gemeinschaft mit anderen Gemeinschaften zu vergleichen, sie in Bezug zueinander zu setzen. Man beginnt, die Interessen und Ziele der eigenen Gemeinschaft in Kontrast zu den Interessen und Zielen der anderen zu stellen. Oft schärft man dadurch erst die Konturen der eigenen Identität.

In der vierten Dimension schließlich fungiert die Identität als eine Art Schutzschild gegen Gefahren von außen.

Jede dieser Dimensionen hat eine positive und eine negative Seite. Jeder Mensch braucht Orientierung, doch wenn man das, was man in seiner Umgebung vorfindet, für das Maß aller Dinge hält, entwickelt man sich nicht weiter und bleibt gefangen in der Falle der Selbstbestätigung. Auch die Geborgenheit birgt Potenzial für Isolation und Weltfremdheit. Abgrenzen muss man sich ständig gegen andere, doch wenn die Abgrenzung die einzige Strategie bleibt, um sich seiner selbst zu versichern, ist der Konflikt vorprogrammiert. Und die Abschottung der eigenen Identität schadet häufig mehr als die Auseinandersetzung mit der Identität der anderen.

Das zeigt auch ein Blick in die Geschichte: Die alte Hochkultur der Maya befand sich längst in einem Zersetzungsprozess durch Isolation, ehe sie von außen angegriffen wurde und endgültig unterging. Eine politische Idee, die darauf fußt, dass die eigene Gemeinschaft über der anderer steht, bereitet den Boden für Terror und Gewalt. Der Faschismus und die Rassenideologie der Nationalsozialisten sind das beste Beispiel dafür. Die Idee eines »gesunden Volkskörpers« mündete in Reinheitswahn und Euthanasie. Die Angst vor einer »Verunreinigung« mündete in die Rassenlehre. Und das Bestreben, dem eigenen Volk den ihm zustehenden Lebensraum zu sichern, mündete in Krieg und Vernichtung.

Das Ganze begann bekanntlich nicht erst mit den Nationalsozialisten, sondern viel früher. Schon Anfang des 19. Jahrhunderts schrieb Friedrich Ludwig Jahn: »Hass alles Fremden ist des Deutschen Pflicht.« Und Heinrich Claß, Vorsitzender des Alldeutschen Verbandes im Kaiserreich, lehnte die Idee eines universellen Humanismus mit der Begründung ab: »Wo fängt das an und wo hört es auf, was uns zugemutet werden soll, als zur Menschheit gehörig zu lieben und in unser Streben einzuschließen? Ist der verkommene oder halbtierische russische Bauer des Mir, der Schwarze in Ostafrika, das Halbblut in Deutsch-Südwest oder der unerträgliche Jude Galiziens oder Rumäniens ein Glied dieser Menschheit?«[1] Der Rest ist Geschichte.

Was nun die Abwehr als vierte Dimension der Identität betrifft, kann ein Blick in die Immunbiologie helfen: Jeder Körper braucht ein funktionierendes Immunsystem, um schädliche Bakterien und Krankheitserreger fernzuhalten. Ein zu schwaches Immunsystem macht den Körper anfällig und schlimmstenfalls zu einem Hort für alle möglichen Viren und Erkrankungen. Doch auch wenn das Immunsystem seine Balance verliert und allzu stark wird, droht Gefahr: Das Immunsystem unterscheidet dann nicht mehr zwischen dem gefährlichen Krankheitserreger und den

Mikroorganismen und guten Bakterien, die zum Körper gehören und nützlich für ihn sind. Es richtet sich in Form einer Autoimmunerkrankung gegen sich selbst.

Eine ähnliche Autoimmunkrankheit droht, wenn man eine gemeinsame Identität auf Abwehr gründet. Motoren dafür sind häufig Ängste, Schwächen und Unzulänglichkeiten. Doch eine solche, exklusiv auf Feindbildern basierende Identität bietet keine Zuflucht vor der Angst, sie erzeugt sie vielmehr fortlaufend. Politisch übersetzt heißt das: Oft zerstören Nationalisten, die einen »gesunden Volkskörper« beibehalten wollen, genau diesen Körper – durch Abschottung oder durch Aggression. Sie zerstören die eigenen Potenziale dieses Körpers, sich selbst zu heilen und sich zu entfalten.

Patriotismus kommt von Selbstvertrauen. Nationalismus von Überheblichkeit und einer feindlichen Haltung gegenüber der Welt. Patrioten lieben ihre Heimat, Nationalisten lieben ihre Angst um die Heimat. Ähnlich verhält es sich übrigens auch mit dem Unterschied zwischen Gläubig-Sein und Fanatisch-Sein. Ein gläubiger Mensch glaubt, von Gott beschützt zu sein, ein Fanatiker dagegen glaubt, Gott beschützen zu müssen.

Eine Identität, in der diese verschiedenen Dimensionen nicht in Balance sind, ist keine stabile. Vor allem nicht, wenn sie sich nur über den Konflikt mit oder durch Abgrenzung von anderen Identitäten definiert. Wer eine schwache Identität hat, hat keine Basis, um mit der Welt zu verhandeln, er hat kein Sprungbrett, um zu höheren Stufen seiner Entwicklung zu gelangen. Wer eine allzu starre Identität hat, bleibt stehen und vergeudet seine Energie in vielen Grabenkämpfen mit realen und vor allem mit imaginären Feinden.

In Vielfalt geeint?

Ein Zuviel an Identität kann also genauso problematisch sein, wie ein Zuwenig. Die Frage ist, in welcher Form und in welchem Ausmaß Identität hilfreich ist und ab wann sie schaden kann.

Die Europäische Union hätte eigentlich ein wunderbares Motto für eine gemeinsame Identität, wäre es nicht nur eine leere Phrase, die nur mühsam über die oft gelebte Uneinigkeit hinwegtäuscht. Es lautet: »In Vielfalt geeint.« Tatsächlich wäre eine Identität, die pluralistisch ist und offen für Einflüsse von außen, eine starke und fruchtbare Identität. Eine Identität, die nicht auf einer These oder Antithese fußt, sondern die Synthese erreicht.

In den meisten Ländern der Welt sind wir von einer solchen wirklichen Synthese weit entfernt. Man setzt eher auf ethnische, nationale oder religiöse Gemeinsamkeiten als Mittel der Abgrenzung. Selbst in Ländern wie Indien, Malaysia und Indonesien, wo die Gesellschaften seit Jahrhunderten nur pluralistisch funktionieren konnten, sehen wir heute eine zunehmende Tendenz, Vielfalt und das Nebeneinander verschiedener Identitäten zu beenden. Indien entwickelt sich mehr und mehr zu einem nationalistischen Hindu-Staat, in Malaysia und Indonesien dominiert der Islam und drängt andere religiöse Identitäten in den Hintergrund.

Die westliche Welt war lange Zeit ein sicherer Hafen für pluralistische Identitäten, hatten doch Nationalismus, Bürger- und Religionskriege den Okzident ermüdet. Doch im Moment erleben wir auch im Westen eine Renaissance der chauvinistischen Identitäten, selbst in Ländern, deren Erfolg auf Einwanderung gründet. Die Idee des »Melting Pot«, in dem jeder seine Potenziale entfalten und in eine gemeinsame neue Identität einbringen kann, scheint Vergangenheit. Die Rückbesinnung auf nationalistische oder ethnische Identitätsmuster ist überall auf dem Vormarsch. In Amerika, in Asien, in den Ländern der Europäischen

Union, aber auch hierzulande. Gut dreißig Jahre nach dem Fall des Eisernen Vorhangs und der innerdeutschen Mauer sind neue Mauern entstanden.

Man hätte erwarten können, dass durch den Austausch zwischen Ost und West und durch Migration aus anderen Teilen der Welt auch der Pluralismus wächst und Patchwork-Identitäten beliebter werden. Das ist zwar teilweise passiert: Deutschland ist heute viel pluralistischer als noch vor ein paar Jahren. Das sieht man in den Medien, in der Kunst, in der Fußball-Nationalmannschaft und auch in den Statistiken, die zeigen, dass internationale Ehen immer beliebter werden. Doch genau dieser Pluralismus ist der Grund für das Erstarken jener Kräfte, die Monokulturen für das bessere Modell halten oder ihre eigene Identität als bedroht im Nebeneinander der Vielfalt empfinden. Migranten beharren oft sehr stark auf ihren mitgebrachten Identitäten und sehen ihre Sitten und ihren Gemeinschaftssinn den Gefahren der offenen Gesellschaft ausgesetzt. Das provoziert wiederum die Mehrheitsgesellschaft, die eher individualistisch ist, und führt rechts der Mitte zur Erweckung kollektiv-nationalistischer Gegen-Identitäten. Und links der Mitte zu dem Impuls, die teils nationalistischen und fundamental-religiösen Schutzschilde der Migranten gegen die einheimischen Nationalisten zu stärken, in dem Glauben, dadurch die Pluralität und die Demokratie verteidigen zu können.

Dabei lassen sich Pluralität und Demokratie nur erfolgreich verteidigen, wenn es einen gemeinsamen Wertekanon gibt. Das gilt für Deutschland ebenso, wie für die Europäische Union, deren Geburtsfehler der Fokus auf Wirtschaft und freiem Handel war, anstatt eine echte Wertegemeinschaft zu definieren.

Sicher, die Mehrheit der Menschen im Westen mag weder in nationalen noch in religiösen Kategorien denken und leben. Aber sie überlässt die Bühne nur allzu bereitwillig jenen, die vehement für diese Kategorien streiten. Aus tiefer Überzeugung oder aus der irrigen Annahme, unter dem Schirm von Vielfalt und Toleranz müsse man auch Dinge akzeptieren, die der offenen Gesellschaft fundamental entgegenstehen.

Das Urproblem der Deutschen

Vor vielen Jahren las ich bei einer Demo in Augsburg folgenden Satz auf einem Plakat: »Liebe Ausländer, lasst uns mit diesen Deutschen nicht alleine!«

Ich musste eine Weile nachdenken, was dieser Satz zu bedeuten hatte. Welch tiefe Verunsicherung sprach aus diesen Zeilen! Welch nagende Zweifel an der Widerstandskraft der Deutschen. Da war sie wieder, die Furcht vor dem trockenen Alkoholiker, der jederzeit rückfällig werden kann. Und gleichzeitig sprach aus diesen Zeilen die Hoffnung, Ausländer könnten irgendwie als Korrektiv wirken. Glaubten die Deutschen ernsthaft, sie könnten die Skepsis mancher gegenüber Ausländern beseitigen, indem sie sich selbst gegenüber skeptisch waren? War ein Ausländer automatisch eine Bereicherung für das Land, ein Symbol für die Verteidigung der Vielfalt? Und war damit jeder Deutsche, der skeptisch gegenüber Migration ist, automatisch rechts? Konnten die Deutschen miteinander nicht klarkommen und brauchten Ausländer als Vermittler? Oder nutzten sie Migranten nur als Projektionsfläche, um ihre eigenen Neurosen an ihnen abzuarbeiten?

Ich habe lange gegrübelt, wo diese deutsche Identitätsneurose, dieses Misstrauen gegen sich selbst, herkommen könnte. Die Vermutung lag nahe, dass es mit dem Dritten Reich zu tun hatte. Doch bei der genaueren Beschäftigung mit der deutschen Geschichte stellte ich fest, dass die Wurzeln dieses Problems Jahrhunderte zurückreichen: Viele Historiker sind der Auffassung, der Dreißigjährige Krieg sei die Urkatastrophe der Deutschen. Jener Krieg der Jahre 1618 bis 1648, der als Religionskrieg begann und als Territorialkrieg endete, ausgetragen vor allem auf dem Gebiet des Heiligen Römischen Reiches. Die Verheerungen ganzer Landstriche, die Entvölkerung ganzer Städte, Elend, Tod und Zerstörung sowie der darauffolgende Westfälische Frieden als Zeichen des Diktats fremder Mächte hätten die Deutschen misstrauisch gegen die Außenwelt gemacht. Die Flucht nach innen sei das Ergebnis dieser Katastrophe gewesen, die als Trauma fest im kollektiven Gedächtnis der Bevölkerung verankert blieb. Durch diesen Sonderweg der Innerlichkeit hätten sich die Deutschen auch nicht von ihren Königen und Fürsten, die sie in die Katastrophe geführt hatten, befreit, sondern seien ihnen treu und gehorsam ergeben geblieben. Sie erwarteten von ihnen, die Ordnung wiederherzustellen. Dieser Rückzug habe Deutschland auch den Weg versperrt, sich mit den neuen, revolutionären Ideen aus Amerika und Frankreich anzufreunden. Weshalb sich wiederum die Demokratisierung verzögert habe.

Ich glaube, dass der deutsche Sonderweg und somit das deutsche Urproblem seinen Ausgang noch viel früher nahm: mit der Gründung des Heiligen Römischen Reiches. Der Gedanke dazu kam mir, als ich den ersten Band des Werkes ›Der lange Weg nach Westen‹ las, in dem der Historiker Heinrich August Winkler die Wendungen der deutschen Geschichte detailliert nachzeichnet. Das erste Kapitel beginnt mit den Worten »Im Anfang war das Reich«. Mit dem Heiligen Römischen Reich beginnt also die Genese der deutschen Identität. Aber beginnt mit ihm auch das deutsche Urproblem?

Ich war auf Winklers Werk bei der Suche nach einer Antwort auf die Frage gestoßen, was Deutschland so einsam und wütend gemacht hatte, dass es diesen fundamentalen Zivilisationsbruch während des Dritten Reiches begehen konnte. Es waren die widersprüchlichen Komponenten der deutschen Identität, die ich nicht zu verstehen vermochte. Ich fragte mich, wie ein Land, das Kant, Rilke, Goethe und Heine hervorgebracht hatte, auch Hitler,

Himmler, Göring und Goebbels hervorbringen konnte. Hatte der Faschismus etwas mit der Romantik zu tun? Konnte es sein, dass Adolf Hitler und Hermann Hesse aus dem gleichen Geist entsprangen? War die deutsche Demokratie wirklich nur durch die Alliierten zustande gekommen? Oder war die Suche nach Freiheit und Demokratie immer in der deutschen Seele verankert, die aber all diese Irr- und Umwege brauchte, bis sie endlich Wirklichkeit werden konnte?

Bei meiner Suche nach Antworten stieß ich auf ein Kontinuum: Selbstüberschätzung und Angst. Diese beiden Kräfte waren die Energiefelder, die maßgeblichen Triebfedern für Veränderungen.

Der Mythos vom Heiligen Römischen Reich ging einher mit dem heiligen Auftrag, auch etwas Außergewöhnliches für die Welt zu tun. Das Reich sah sich in der Nachfolge des antiken Römischen Reiches und als Schutzmacht des Christentums, der Herrscher war Kaiser »von Gottes Gnaden«. Mehr ging eigentlich nicht.

Der Zusatz »Deutscher Nation« kam im 15. Jahrhundert dazu, als man glaubte, aus dem lange zersplitterten und eher lockeren Verbund von mehr als 200 Fürsten- und Herzogtümern so etwas wie eine Nation geschaffen zu haben. Dabei blieb der territoriale Flickenteppich mit seinen vielen Kleinstaaten bestehen, die sich zudem in einer Reihe von Konfessionskriegen beharkten. Erst der Augsburger Religionsfriede von 1555 besiegelte die Toleranz zwischen Lutheranern und Katholiken – und festigte damit zwei religiöse Identitäten.

Vielleicht scheiterte die Staatsbildung daran, dass man die Messlatte dafür so hoch gehängt hatte. Das Alte Reich war eine missglückte Flucht nach außen, hin zu einer großen umspannenden Identität, mit der man die vielen kleinen Identitäten überwinden wollte. Es stellte sehr hohe Erwartungen an sich selbst und an die Bevölkerung, die es letztlich nicht erfüllen konnte. Weder militärisch noch politisch war es in der Lage, seine Machtansprüche zu realisieren.

Das Scheitern dieses Reiches war letztlich vorprogrammiert, zu überhöht waren die Ansprüche. Dieses Scheitern wiederum legte die Saat für eine historische Kränkung, die Deutschland über die Zeiten hinweg zum Getriebenen eines größenwahnsinnigen Traums werden ließ. Es ist diese Art der frühkindlichen Störung der deutschen Identität, die bis heute einen Widerhall hat. Die gescheiterte Flucht nach außen ließ die Deutschen auf der Suche nach Identität den Weg nach innen einschlagen – ein Muster, das sich wiederholte. So suchten sie nach dem Dreißigjährigen Krieg in der inneren Einkehr nach dem Eigenen und Eigentlichen. Ein Ergebnis davon war die Romantik mit ihren zwei Seiten: der Kunst, der spekulativen Philosophie, der Musik und der Waldeinsamkeit auf der einen Seite und dem Nationalismus, dem Fremdenhass und der erneuten Hybris auf der anderen.

Das Alte Reich war der Anfang einer Fluchtkette, die die deutsche Identität bis heute bestimmt. Die Flucht von einem Extrem ins andere, von innen nach außen und wieder zurück. Die Flucht nach außen ging einher mit dem Versuch der Machtexpansion, die Flucht nach innen erfolgte nach dem Scheitern, nach der Kränkung. Hybris und erneute Flucht nach außen in die Aggression führten nach dem Zweiten Weltkrieg zu einem Rückzug in Schuld und Scham.

Die Versöhnung mit den Nachbarn nach dem Krieg erfolgte, noch bevor das Land sich mit sich selbst versöhnen konnte. Es unterstützte eine europäische Einheit und eine europäische Identität, bevor es die eigene Einheit vollenden und bevor es die offenen Fragen zur eigenen Identität beantworten konnte. Die Europäische Union war für Deutschland eine Art modernes Heiliges Römisches Reich. Ein mögliches Scheitern dieses Projekts könnte Deutschland erneut in eine tiefe Identitätskrise stürzen.

Die Suche nach dem Eigenen, dem Eigentlichen

Jede funktionierende Gesellschaft braucht einen Gründungsmythos, gemeinsame Erinnerungen, Werte, Prinzipien und Gesetze als Basis für die Herausbildung einer gemeinsamen Identität. Für die Amerikaner sind die »Bill of Rights« aus dem Jahr 1791
und die Unabhängigkeitserklärung von 1776 Gründungsdoku-
mente der neuen amerikanischen Identität. Für die Franzosen
sind die Prinzipien der Aufklärung und die Französische Revolution (1789–1799) wegweisend. Die Serben berufen sich auf die
Schlacht am Amselfeld, die Russen sehen sich als legitime Erben
des untergegangenen byzantinischen Reiches, die Türken als
Erben des Osmanischen Reiches. Für die Schweizer steht die
Legende von Wilhelm Tell stellvertretend für ein Volk, das fremde
Herrschaft mit Mut und Stolz ablehnt und für die Freiheit kämpft.
Alle blicken positiv auf die eigene Geschichte zurück und redu-
zieren sie nicht auf eine Katastrophe. Manche träumen sogar da-
von, ihre alten Reiche wiederherzustellen.

Ich treffe mich in Berlin mit Prof. Heinrich August Winkler,
einem der renommiertesten Historiker Europas, der sich seit vielen Jahrzehnten mit der deutschen Geschichte und der Geschichte
des Westens beschäftigt. Ich spreche mit ihm über die Bedeutung
des Heiligen Römischen Reiches Deutscher Nation und des daran
anknüpfenden Reichsmythos für die deutsche Geschichte. Winkler sieht, wie er in seiner im Jahr 2000 erschienenen deutschen
Geschichte ›Der lange Weg nach Westen‹ darlegt, im mittelalterlichen Reich eine von drei Grundtatsachen der deutschen Geschichte. Die anderen beiden sind die Reformation und der Gegensatz zwischen Österreich und Preußen.

Für Winkler bildet, wie er in dem Gespräch bestätigt, der
Reichsmythos den wichtigsten der deutschen Mythen. Im Dreißigjährigen Krieg sieht er die deutsche Urkatastrophe. Das Reich
habe sich als übernationales Gebilde verstanden, weshalb es im

Mittelalter in Deutschland, anders als in Frankreich oder England, nicht zur Herausbildung eines Nationalstaats gekommen sei. Das Festhalten der Deutschen an der Reichsidee erkläre zu einem guten Teil eine bis heute fortwirkende deutsche Distanz zum Nationalstaat.

Der Reichsmythos besagt, dass dieses Reich von den Römern über die Franken auf die Deutschen übertragen wurde. »Heilig« war es, ein Bollwerk der Christenheit sollte es sein. Solange dieses Reich von den durch Gott eingesetzten Herrschern – deutscher Nation – geführt werde, solange werde der Antichrist nicht an die Macht kommen, so referiert Winkler die Lehre der mittelalterlichen Reichsideologen. Hier erkennt man die ersten Ansätze jener Selbstüberhebung, die die Deutschen im 20. Jahrhundert in die Katastrophe geführt hat.

Winkler fasst zusammen: »Das Reich beanspruchte als Schutzmacht der Christenheit einen besonders herausragenden Platz unter den Völkern für sich. Damit riefen die Deutschen seit der späten Stauferzeit den Widerspruch von Franzosen und Briten hervor. Gegensätze zwischen den deutschen Fürsten schwächten gleichzeitig die Stellung von Kaiser und Reich. Die Reformation Martin Luthers führte im 16. Jahrhundert zu einer tiefen Spaltung des Reiches. Der Dreißigjährige Krieg von 1618 bis 1648 begann als Konfessionskrieg, wurde aber immer mehr zu einem auf deutschem Boden ausgetragenen Konflikt europäischer Großmächte. Zu seinem Ende war das Reich nachhaltig geschwächt. Die größeren Reichsstände, obenan Österreich und Brandenburg-Preußen, waren die innerdeutschen Gewinner des großen Mordens. In der kollektiven Erinnerung der Deutschen bildet der Dreißigjährige Krieg das Urtrauma. Zu seinen langfristigen Folgen gehörte eine verstärkte Unterordnung der Bürger unter die weltlichen Obrigkeiten. Diese fanden ihre verlässlichsten Stützen in einer tiefsitzenden Angst.« Es war, in Winklers Worten, »die Angst vor der Demütigung durch andere Mächte, vor dem Zusammenbruch aller gewohnten Ordnung, vor Chaos und fremder Soldateska, vor Bruder- und Bürgerkrieg, vor der Apokalypse.«

Im Zuge der napoleonischen Kriege von 1792 an ging das Reich schließlich schrittweise unter. Klein- und Mittelstaaten wurden zu größeren Einheiten zusammengefasst, geistliche Staaten verloren ihre Herrschaft und wurden säkularisiert. Mit der territorialen Neuordnung schrumpfte die Zahl der deutschen Einzelstaaten auf unter vierzig.

Der von Napoleon veranlassten Gründung des Rheinbundes, dem 16 deutsche Staaten beitraten, folgte noch im gleichen Jahr, 1806, die Auflösung des Alten Reiches. Napoleons Vorherrschaft in Europa endete nach seinen Niederlagen in der Völkerschlacht bei Leipzig im Jahre 1813 und, endgültig, 1815 bei Waterloo. Die Erinnerung an die Befreiungskriege dieser Jahre wurde grundlegend für das neuere deutsche Nationalbewusstsein.

Der Glaube an das Reich blieb indes vor allem in einem Aspekt weiter bestehen. Im deutschen Bildungsbürgertum des 19. Jahrhunderts habe es, sagt Winkler, viele gegeben, die das mittelalterliche Reich mythisch verklärten. Das habe die Rezeption westlich-demokratischer Ideen erschwert. Diese Ideen hatten in der Amerikanischen Revolution von 1775/76 und der Französischen Revolution von 1789 Gestalt angenommen. In Deutschland waren anfangs viele von der Französischen Revolution fasziniert. Doch die bald einsetzende Radikalisierung und erst recht der Terror der Jakobiner wirkten abschreckend. Eine Revolution von unten wie in Frankreich, erklärt Winkler, hätten auch radikale Kritiker des deutschen Ancien Régime für überflüssig gehalten. »Deutschland hatte einen herausragenden Anteil an der Aufklärung. Aber vor den politischen Konsequenzen der Aufklärung, den Ideen der unveräußerlichen Menschenrechte, der Volkssouveränität und der repräsentativen Demokratie, schreckten namhafte Vertreter des gebildeten Bürgertums und die alten Eliten bis weit ins 20. Jahrhundert hinein zurück«, so Winkler.

In Berlin stelle ich auch dem ehemaligen Bundespräsidenten Joachim Gauck meine These über den Reichsmythos als die Urquelle des deutschen Unheils vor. Er steht meiner These skeptisch gegenüber und teilt sie nur insofern, als er der Auffassung ist, dass Hochmut und Selbstüberschätzung die Deutschen in der Geschichte oft isoliert hätten. »Der Deutsche vermag das Eigene und Eigentliche nicht in einer verbundenen Verschiedenheit zu finden«, sagt er. Die ewige Suche nach dem Eigenen, nach einer speziellen kulturellen Tiefe habe die Deutschen früher misstrauisch gemacht gegenüber anderen europäischen Staaten, gegenüber ihrer Gedankenwelt und ihrer politischen Kultur. Stattdessen habe man sich hierzulande eher nach einer Art Urzustand gesehnt, wo alles homogen und rein war, wo es kaum Raum für Ambivalenz und Fremdes gab. Der Faschismus habe mit dieser Vorstellung gespielt, mit der Homogenität des Volkes und der Überhöhung von »Blut und Boden« und auch einer Überhöhung des deutschen Selbstbildes in der Geschichte. Die Menschen sollten sich am »Natürlichen« orientieren und nicht an der Zivilität der westlich geprägten Moderne.

Für die Deutschen steht vor allem der Wald für diesen Urzustand des Natürlichen. Wie Gott für die Gläubigen ist der Wald Urgrund, die Welt erscheint wie eine Travestie des Eigentlichen, wie eine Abwendung oder Abweichung von Gott. Dieser Gedanke ließ mich auf meine ersten Wochen und Monate in Deutschland zurückblicken. Ich machte gerne im Wald und in den Bergen lange Spaziergänge, und dabei fiel mir etwas Merkwürdiges auf. Meine direkten Nachbarn in Augsburg haben mich nie wirklich begrüßt, doch in den Bergen und im Wald haben mir fremde Menschen immer freundlich ein »Grüß Gott« entgegengerufen. Ich dachte, das wäre eine bayerische Eigenart, doch viel später in Thüringen, in Nordrheinwestfalen und selbst in den Wäldern rund um Berlin war es nicht viel anders. Die Deutschen, denen ich in der Natur begegnete, vor allem im Wald, wirkten viel lockerer und offener, als im Alltag. Es schien, als unternähmen sie nicht bloß einen Spaziergang. Sondern als suchten sie draußen das Ursprüngliche, das Eigene, das Eigentliche. Bis heute finden sich Bücher über die Natur, über Bäume und ihre faszinierenden Geheimnisse auf deutschen Bestsellerlisten.

Ich habe damals intuitiv verstanden, dass der Wald als mystischer Ort und Rückzugsraum ein Bestandteil der deutschen Identität ist. Die Märchen und alten Sagen offenbaren das, die Gedichte der Romantik erzählen davon, und noch vor der NS-Zeit wurde das Denkmuster »deutscher Wald« zum Inbegriff organisch verstandener Identität. In der Schriftreihe ›Deutscher Wald‹ war 1926 zu lesen: »Kommt, Deutsche, in den Wald hinein, und lasst uns alle, alle einig sein.«[2]

Die Ideologisierung des Waldes als Garant von Tradition und Kontinuität begann bereits um 1800. In seinem Zyklus »Zeitlieder« beschwor Joseph von Eichendorff den Wald als Gegenwelt zur zunehmenden Urbanisierung. Der Wald wurde zum »Deutsch Panier, das rauschend wallt«[3], zur symbolischen Nationalflagge. Bei Ernst Moritz Arndt wurde der Wald zum Inbegriff des Volkscharakters, das »Vaterlande grüner Eichen« stellte er südländischen »Citronen und Banditen« gegenüber.[4] Und unter der NS-Herrschaft wurde der Wald schließlich zur Projektionsfläche für eine Vielzahl modernitätskritischer, nationalistischer, rassistischer und biologistischer Vorstellungen: als Gegenbild zu Fortschritt und Großstadt, als germanischer Ursprung und deutsche Heimat, als heidnisches Heiligtum und rassischer Kraftquell sowie als Vorbild sozialer Ordnung und Erzieher zur Gemeinschaft.[5]

Während der NS-Zeit erlebte auch ein Nationalheld eine Wiedergeburt, der ohne Wald nicht denkbar ist: Arminius, der im Teutoburger Wald die germanischen Stämme gegen die römischen Invasoren anführte. Aus der Varusschlacht wurde die Hermannsschlacht. Aus Arminius dem Cherusker wurde Hermann der Deutsche, Inbegriff von Heldentum, Innerlichkeit und Liebe zur Heimat und zur Natur.

Am Umgang mit den Römern erkennt man ein Paradox der deutschen Geschichte und somit der deutschen Identität. Die Römer kamen ja mit Disziplin, Recht und Ordnung, jenen Tugenden, die später mit der deutschen Identität verbunden wurden. Als die Deutschen vor mehr als tausend Jahren ein eigenes Reich gründen wollten, nannten sie es »das »Heilige Römische Reich« und sahen sich als legitime Erben des alten römischen Reiches und Garanten seines Fortbestandes. Bei Martin Luther, in den Werken der Romantik und sogar im säkularen Sektor des deutschen Nationalismus im 19. Jahrhundert sehen wir jedoch eine klare antirömische Haltung: Die Römer galten als oberflächlich und frivol, während die Deutschen durch ihre Innerlichkeit und Tiefe hervorstachen. Das Eigene wird definiert durch Abgrenzung vom anderen, vermag aber ohne das andere nicht zu bestehen.

In der gleichen Traditionslinie kann man auch die historische Distanz der Deutschen gegenüber der politischen Kultur des Westens, gegenüber den Gedanken der Aufklärung und des Liberalismus verstehen. So feierte Thomas Mann den Ersten Weltkrieg als Kulturkampf zwischen der westlich-französischen Zivilisation und der Kultur des »innerlichsten Volkes«, das mit Demokratie, Menschenrechten, Kosmopolitismus, Republikanismus nichts anfangen könne. Und in seinen ›Betrachtungen eines Unpolitischen‹ erklärte er, er sei tief davon überzeugt, »dass das deutsche Volk die politische Demokratie niemals wird lieben können«, weil dem Kulturland Deutschland das westliche Weltbild mit seiner »Vernunft« und »Zivilisation« fremd und der »vielverschriene ›Obrigkeitsstaat‹ die dem deutschen Volke angemessene Staatsform« sei.[6]

Und das erklärt die gespaltene Haltung der Deutschen zu Amerika. Antiamerikanismus gab es schon seit dem Anfang des

19. Jahrhunderts, als die USA zum Zielobjekt all jener wurden, die von den Idealen einer modernen Gesellschaft angezogen oder von ihnen abgestoßen wurden. Marx und Engels dämonisierten die kapitalistische Kultur, Konservative fürchteten um den Verlust der Kultur als solche. Selbst nach der Befreiung Deutschlands von der Nazidiktatur durch die Alliierten blieb die gespaltene Haltung bestehen. Die Trennlinien verliefen zwischen Siegerjustiz, Kaugummi und Coca-Cola. Die 68er-Bewegung pflegte den Antiamerikanismus wegen Vietnam und dem Gebaren der Amerikaner als Weltpolizei. Friedensaktivisten können ebenso wenig ohne ihn auskommen wie Verschwörungstheoretiker von rechts und links.

Die Deutschen sahen sich oft zu etwas Großem berufen. Manchmal war dies ein Ausdruck von Größenwahn, manchmal entsprang dies aus Interesse an und aus Verbundenheit mit der Welt. Manchmal wurde daraus Nationalismus und Fanatismus, manchmal blieb eine tiefe Kränkung, ein Gefühl des Missverstanden-Werdens. All das ist auch Ausdruck einer tiefen Verunsicherung über die eigene Identität, die mal im Außen gesucht wird, mal im Innen.

Deutschland zwischen Universalitätsanspruch und Rückzug nach innen

In seinem Buch ›Was ist deutsch?‹[7] schreibt Dieter Borchmeyer, nach dem Dreißigjährigen Krieg sei die Tradition des deutschen Stadtbürgertums zerstört und das entvölkerte Land zerrüttet gewesen. Für ihn beginnt hier die Geschichte des deutschen Wegs nach innen. Dieser deutsche Sonderweg sei einzigartig gewesen, was die Staatsbildung angeht, aber auch die verstörte Haltung zur Zivilisation. Eine Zerrissenheit der Deutschen, die bis heute andauere. Manche hätten in der Aufklärung einen Ausweg gesehen, andere sich lieber in die Romantik geflüchtet. Manche seien dem nationalistischen Trend im 19. Jahrhundert gefolgt, andere hätten sich lieber nicht als Nation im Sinne einer Staatszugehörigkeit definiert, sondern als Kulturnation.

Borchmeyer zeichnet die Haltung der deutschen Denker zu den Veränderungen ihrer Zeit nach: Goethe betrachtete Deutschland als unfähig zur Nation. Heinrich Heine wehrte sich gegen den Nationalismus, weil er mehr wollte. Er wollte die Deutschen aus ihrer »Selbstigkeitslust« befreien und sah »die Epoche der Welt-Literatur an der Zeit«. Auf die Flucht nach innen reagierte Heine mit der Flucht nach außen in die kosmopolitische Identität. Er meinte, die Franzosen seien für die Republik geboren, den Deutschen fehle dafür die Begabung. Schiller warb für übernationale Zusammenschlüsse, für ein vereintes Abendland, eine Art Europäische Union also. Eigentlich beruft man sich heute auf diese Phase der Weimarer-Klassik, wenn man das frühe helle, weltoffene Deutschland meint. Doch in dem deutschen Universalismus dieser Zeit sieht Borchmeyer auch eine dunkle Seite. Schon bei Schiller erkennt er Anzeichen für den Größenwahn: Der Tag der Deutschen liege in der Zukunft, meinte Schiller. Und wenn er komme, dann werde »die Ernte der ganzen Zeit« eingeholt. Auch: »Unsere Sprache wird die Welt beherrschen«[8], ist bei Schiller zu lesen. Das meinte Schiller sicherlich weder imperialistisch noch nationalistisch, aber hinter diesen Worten steckte die Krankheit der Selbstüberschätzung, die schon damals bei der Gründung des Heiligen Römischen Reiches offenkundig war.

Und wenn Heinrich Heine in seinem ›Wintermärchen‹ unter Eichen wandelnd von der »Universalherrschaft Deutschlands« träumt und davon, dass »die ganze Welt deutsch werde«, dann ist das eine ironische Reaktion auf die Entwicklungen seiner Zeit und eine Vorwegnahme jenes Sendungsbewusstseins, das später in Aussagen wie »Am deutschen Wesen soll die Welt genesen«, oder »Deutschland über alles« gipfelte.

Der Historiker Heinrich August Winkler ist der Auffassung, dass die überhöhten Ansprüche, die mit der Reichsidee verbunden waren, das deutsche Nationalgefühl nachhaltig geprägt haben. Die Gründerväter des modernen, gegen das napoleonische Frankreich gerichteten deutschen Nationalismus, der Philosoph Johann Gottlieb Fichte, der »Turnvater« Jahn und der Theologe und Publizist Ernst Moritz Arndt seien vom Gedanken einer Welterlösung durch die Deutschen beseelt gewesen.

So schreibt Jahn in seinem Buch ›Deutsches Volksthum‹, der Deutschen Aufgabe sei die Erlösung der Menschheit: »Schwer zu erlernen, schwerer noch auszuüben ist des Weltbeglückers heiliges Amt – aber es ist (…) eine menschliche Göttlichkeit, die Erde als Heiland zu segnen und den Völkern Menschwerdungskeime einzupflanzen.«[9] Gleichwohl war dieser Anspruch begleitet von Verbitterung und Ressentiment. Man hatte Großes vor, fühlte sich aber von der Welt ungerecht behandelt. Man träumte vom umspannenden Imperium, hatte aber bislang nicht einmal ein geeintes Deutschland zustande gebracht. Man sah die eigene Kultur und Sprache als überlegen an, doch dieses Überlegenheitsgefühl kollidierte in der Realität mit einer Unterlegenheitserfahrung gegenüber Napoleon und der französischen Sprache. Nicht nur Modernisierung und Säkularisierung machten deutsche Nationalisten unsicher, sondern die Verbreitung der französischen Sprache, die unter deutschen Intellektuellen und Angehörigen der Oberschicht sehr beliebt war. Jahn beklagt: »Unglückliches Deutschland! Die Verachtung deiner Muttersprache hat sich fürchterlich gerächt. Du warst schon länger dir unwissend durch eine fremde Sprache besiegt, durch Fremdsucht ohnmächtig, durch Götzendienst des Auslandes entwürdigt. Nie hätte dein Überwinder so vielfach in einem anderen Lande gesiegt, wo die Vergötterung seiner Sprache nicht mitgefochten (…) Diese Sprache hat deine Männer betört, deine Jünglinge verführt, deine Weiber entehrt. Deutsche, fühlt wieder mit männlichem Hochsinn den Wert eurer edlen lebendigen Sprache, schöpft aus ihrem nie versiegenden Urborn, grabet die alten Quellen auf (…).«[10]

Wenn Opferhaltung, Minderwertigkeitskomplex und Größenwahn zusammenkommen, ist die nächste Explosion nur eine Frage der Zeit. Ernst Moritz Arndt, neben Jahn ein weiterer glühender Verfechter des deutschen Nationalismus, schrieb blutrünstige antifranzösische Traktate, in denen er den Hass zur »Religion des deutschen Volkes« erklärte, ihn zum »heiligen Wahn in allen Herzen erklärte«[11] und dazu aufforderte, Napoleon, den »Vertilger der Freiheit und des Rechts« zu erschlagen. »Nur ein blutiger Franzosenhass kann die deutsche Kraft vereinigen, die deutsche Herrlichkeit wiederherstellen, alle edelsten Triebe des Volkes hervortreiben.«[12] Die fehlende deutsche Einheit beklagte er mit den Worten: »Man hätte uns die Juden des neuesten Europas nennen sollen, denn wie die Juden sind wir umher verstreuet.«[13]

Der neue deutsche Nationalismus habe von Anfang an kompensatorische Züge getragen, erklärt Heinrich August Winkler. Viele bürgerliche Intellektuelle hätten dazu geneigt, die eigene politische Ohnmacht und die gefühlte Ohnmacht Deutschlands durch einen überhöhten Anspruch auf Weltgeltung auszugleichen. »Die Überzeugung, dass das Reich der Deutschen mehr sei als ein Nationalstaat unter anderen, prägte noch das Denken der ›konservativen Opposition‹ gegen die Weimarer Republik. Hitler meinte später, den Lauf der Geschichte umdrehen zu können. Der von ihm entfesselte Weltkrieg sollte die endgültige Antwort auf den Niedergang des Reiches seit 1648 sein.« Das Dritte Reich stehe damit in einer unheilvollen Ideentradition.

Wenn man von den historischen Vorbelastungen Deutschlands spricht, meint man oft nur die zwölf Jahre der Nazi-Herrschaft. Auch die, die einen Schlussstrich und die Befreiung von der historischen Schuld anstreben, meinen nur das Dritte Reich. Dabei ließen bereits der Reichsmythos und der Anspruch, sowohl das römische Reich zu beerben als auch die neue Schutzmacht der

Christenheit zu sein, die Deutschen Gefangene eines Traums werden, den sie nie zu realisieren vermochten. Das schuf die Grundlage für die Dauerkonflikte mit anderen europäischen Mächten. Bei den Deutschen aber stand nicht die Machtpolitik im Vordergrund, sondern die Ideologie.

Ich spreche Winkler auf den Widerspruch an, dass die Deutschen sich einerseits auf die Varusschlacht berufen, wo die Germanen die Römer in die Flucht schlugen, und gleichzeitig auf das Heilige Römische Reich, das sich als Fortsetzung des antiken römischen Reichs verstand. Winkler ist der Auffassung, dass der antirömische Komplex eine wichtige Rolle in der säkularen Fassung des deutschen Nationalismus spielte. »Dieses Ressentiment koexistierte nicht nur mit dem Reichsmythos, es wurde ein Teil desselben«, sagt Winkler. Er verweist auf andere Spannungsverhältnisse und scheinbare Paradoxien der deutschen Geschichte wie das Nebeneinander von religiöser Gewissensfreiheit und Obrigkeitsgesinnung bei Luther, das im lutherischen Staatskirchentum seinen lange fortwirkenden Ausdruck fand.

»Zwei Seelen wohnen, ach! in meiner Brust. Die eine will sich von der andern trennen«, klagte schon Faust. Tatsächlich erinnert die Geschichte Deutschlands ein wenig an die des Faust. Ein ambitionierter Mensch, der weit über seine Grenzen hinauswollte, aber seine Grenzen auf eine schmerzhafte Art und Weise erkennen musste. Es ist eine Geschichte von Selbstüberschätzung und Narzissmus, von Kränkungen, die in Aggression mündeten, und von Schuldgefühlen. Die Unsicherheit über die eigene Identität und die Rolle in der Welt erzeugte Angst. Angst brachte Wut hervor. Wut entsteht, wenn man das Gefühl hat, von der Welt ungerecht behandelt zu werden. Das führte zu zwei Niederlagen in zwei Weltkriegen. Deutschland war gebrochen. Die Wiedergutwerdung und Wiedergutmachung der Deutschen erforderten Scham und Demut. Gebrochen und schuldbeladen war Deutschland auf der Suche nach einer neuen Identität.

Doch die historische Schuld war zu groß, um diese Identität ausschließlich aus der eigenen Nationalgeschichte heraus zu legitimieren. Deshalb begann der freie, von den westlichen Alliierten besetzte Teil des Landes, nach 1945 verstärkt an sein älteres, europäisches Erbe anzuknüpfen. Die junge Bundesrepublik öffnete sich der politischen Kultur des Westens und engagierte sich stark im Prozess der westeuropäischen Einigung. Das war ein Zeichen von Um- und Weitsicht – nicht jedem ist diese Fähigkeit gegeben. Für mich ist es eine der größten Leistungen der Deutschen, dass sie sich der Demokratie geöffnet haben und nicht in Rachegelüsten und Abgrenzungstendenzen zum Westen verharrten.

1945 wurde Deutschland nicht nur von der Nazidiktatur befreit, sondern auch vom Reichsmythos, der das Schicksal der deutschen Geschichte aus meiner Sicht in den letzten tausend Jahren mitbestimmt hat. Im Zuge des Historikerstreits Mitte der 1980er-Jahre schrieb Jürgen Habermas, die vorbehaltlose Öffnung gegenüber der politischen Kultur des Westens sei die größte intellektuelle Leistung Nachkriegsdeutschlands gewesen.[14] Revisionistische Tendenzen und ein wiedererstarkender Nationalismus würden diese Errungenschaft gefährden. Für Habermas war der »einzige Patriotismus, der uns dem Westen nicht entfremdet (…) ein Verfassungspatriotismus«[15]. Tatsächlich ist unser Grundgesetz ein passendes Gründungsdokument einer solchen neuen, modernen und weltoffenen Identität, wie es die »Bill of Rights« für Amerika waren. Doch ein Dokument, das den Staat zügelt und den Bürgern Freiheiten einräumt, reicht nicht aus als einzige Referenz einer neuen Identität. Die Verfassung räumt den Bürgern alle Freiheiten ein, garantiert aber nicht, dass diese die Freiheit achten und verteidigen. Sie garantiert Meinungsfreiheit, doch garantiert sie nicht, dass man auch untereinander trotz Widerspruchs und Moralkeulen seine Meinung frei äußern darf und soll. Sie garantiert die Solidarität des Staates mit den Schwächeren unserer Gesellschaft, aber nicht die Solidarität der Bürger mit

dem Gemeinwesen und die Loyalität gegenüber der Gemeinschaft, in der sie leben.

Was bleibt also als Anker unserer Identität? Sind es nur das
Bekenntnis zur Schuld des Dritten Reiches und die Abwehrrechte
im Grundgesetz, die direkt aus diesem Schuldbewusstsein entstanden sind? Können wir so erfolgreich diese Demokratie weiter entwickeln und gegen ihre Feinde verteidigen? Die einen
suchen in der Multikulti-Doktrin einen Ablassbrief für vergan-
gene Schuld, die anderen fliehen vor dieser Schuld in Wut, Groß-
kotzigkeit und Reichsnostalgie. Und die Mitte richtet sich in einer
emotionalen, intellektuellen und politischen Komfortzone ein.
Das reicht nicht nur nicht, das ist auch gefährlich.

Das Denkmal im Wald, oder:
Gibt es eine deutsche Kultur?

In der Geschichte Deutschlands zwischen Allmacht und Ohnmacht, zwischen Abgrenzung und Entgrenzung und der schwie-
rigen Suche nach Identität, die ich auf den vorangegangenen
Seiten skizziert habe, spiegelte sich ein Stück weit auch meine
eigene Geschichte. Mein Vater war überzeugt, ich sei ein Genie.
Er lehrte mich ab dem dritten Lebensjahr den Koran und berei-
tete mich darauf vor, Imam zu werden. In der Schule musste ich
immer der Beste sein. Mein Vater erzählte seinen Freunden einmal im Scherz, die Engel würden mich vor einer Prüfung im
Traum besuchen und mir die Antworten einflüstern, deshalb sei
ich immer die Nummer eins in meiner Schulklasse. Dieser Gedanke war einerseits verstörend, andererseits verlockend. Ich
spürte eine große Last auf meinen Schultern, fühlte mich aber
enorm wichtig. Ich musste früh viele Anforderungen erfüllen, die
meine Kapazität überstiegen. Bevor ich gelernt hatte zu spielen
musste ich heilige Texte lernen, die mich auf eine heilige Aufgabe

vorbereiteten. Bevor ich gelernt hatte zu denken wurde ich in ein ideologisches Korsett hineingepresst, das mein Wesen von nun an prägte. Ich entwickelte eine Mischung aus Selbstüberschätzung und Angst vor dem Versagen. Mir gefiel der Gedanke, ich sei Träger eines heiligen Auftrags, doch ich fürchtete, den Erwartungen meines Vaters nicht gerecht zu werden. Ich identifizierte mich mit dieser Rolle, dennoch wollte ich ihr am liebsten irgendwie entfliehen. Ich fühlte mich überfordert, fand aber den Gedanken, ich könne anderen Menschen spirituell und gesellschaftlich den Weg weisen, verlockend. Ich hielt selbst dann noch an der Identität des Predigers fest, als ich längst nicht mehr religiös war. Es war die einzige, die ich zu haben glaubte.

Ich zerbrach oft an diesem Widerspruch und suchte mein Heil abwechselnd mal in der Flucht nach außen, mal im Rückzug nach innen. Nach vielen Brüchen, Narben und nach einer langen, schmerzhaften Suche nach meiner wirklichen Identität gelang es mir, mich durch Selbstkritik und Selbstüberwindung vom vermeintlich vorgezeichneten Weg zu lösen. Erst Deutschland hat mir ermöglicht, diesen Wandel zuzulassen. Es hat mir einen Spiegel vorgehalten und in mir eine Überprüfung meiner eigenen Werte und Überzeugungen in Gang gesetzt. Gleichzeitig erlebte ich ein Land, das den Wandel oft nicht als Chance zu wachsen begreift, sondern als Gefahr. Das das Großartige, das hier geschaffen wurde, oft nur mit Mühe anerkennen kann. Und das aus den Erfahrungen der Vergangenheit heraus ein sehr viel brüchigeres Selbstverständnis hat als andere Nationen und ein tiefes Misstrauen gegen sich selbst entwickelt hat. Ich selbst habe erfahren, dass das wirklich Eigene der innere Frieden ist und dass das wirklich Eigentliche das ist, was keine Konflikte mit den anderen erzeugt und einen Menschen zu sich selbst bringt. Ich würde mir wünschen, dass Deutschland einen ähnlich versöhnlichen Heilungsprozess durchlaufen würde, der Widersprüche nicht betont, sondern Gemeinsamkeiten sucht.

Während meiner vergangenen 25 Jahre in Deutschland habe ich mich oft gefragt, wie ein solches identitätsstiftendes Element aussehen könnte. Stellen Sie sich einen syrischen Flüchtling vor, der Ende 2015 nach Deutschland gekommen ist. Welche Konzepte von Identität hat er hier vorgefunden? Mit welchen Deutschlandbildern wurde und wird er konfrontiert? Wie wird er darauf reagieren, wenn er von einer SPD-Politikerin, selbst Kind von Migranten, hört, sie könne jenseits der deutschen Sprache keine spezifische deutsche Kultur erkennen? Welche Schlussfolgerung wird er daraus ziehen? Wird er mit Neugier und Vorfreude das Wesen Deutschlands erforschen wollen? Wird er Lust darauf haben, sich mit einem Land zu identifizieren, das abgesehen von der Sprache angeblich keine eigene Kultur hat?

Sollte er die Worte von Aydan Özoğuz nicht für bare Münze nehmen, wer könnte ihm dann weiterhelfen? Alexander Gauland vielleicht, der Frau Özoğuz in Anatolien »entsorgen« will, weil sie eine Meinung über Deutschland hat, mit der er nicht einverstanden ist? Wird er daraus schließen, dass nur ein Biodeutscher eine kritische Meinung zu Deutschland haben darf, sonst droht die Ausweisung? Würde er sich an linken Aktivisten orientieren, dann könnte er den Eindruck erlangen, er müsse sich – im Namen des Multikulturalismus und des Schutzes von Minderheiten – nicht an den Gepflogenheiten dieses Landes orientieren. Würde er auf Salafisten und Dschihadisten hören, dann müsste er postwendend wieder nach Syrien zurück, zur Waffe greifen, um Assad zu entmachten. Islam-Funktionäre und konservative muslimische Intellektuelle würden ihn davor warnen, dass hier in Deutschland Islamophobie, Marginalisierung und Rassismus auf ihn warteten. Und was würde er empfinden, wenn er einen Politiker hörte, der sagt, der Islam gehöre zu Deutschland und gleichzeitig unzählige Menschen dem widersprechen und im Islam eine Gefahr für die innere Sicherheit des Landes sehen? Was würde er vom »Sündenstolz« der Deutschen halten? Könnte er sich damit anfreunden, dass Heribert Prantl von der *Süddeutschen Zeitung* Deutschland mit einem Alkoholiker verglich, der von der Flasche ferngehalten werden müsse, nachdem die AfD den Sprung in den Bundestag geschafft hatte?

Kurz: Wer könnte diesem jungen Mann oder dieser jungen Frau das Wesen Deutschlands erklären, ohne ihn oder sie zu verunsichern oder parteiisch zu vereinnahmen? Wer könnte ihm eine offene, stabile, selbstbewusste Identität anbieten? Und worauf könnte dieses gründen?

Man stelle sich im Gegenzug vor, eine deutsche Politikerin würde im Zuge der Integrationsdebatte behaupten, sie könne jenseits der türkischen Sprache keine spezifische türkische Kultur erkennen. Wie würden diejenigen, die Frau Özoğuz verteidigt haben darauf reagieren? Vermutlich würden sie die deutsche Politikerin als rechtspopulistisch abstempeln und ihr Rassismus vorwerfen. Die von einer solchen Aussage unmittelbar betroffenen, die Frau Özoğuz' Einschätzung mit Freude vernahmen, würden sich empören und in ihrer Opferhaltung bestätigt sehen.

Zu behaupten, es gäbe jenseits der Sprache keine spezifische deutsche Kultur, sei eine eklatante Fehleinschätzung, meint die Schriftstellerin Thea Dorn im Gespräch mit mir. Per Definition bezeichnet Kultur die Gesamtheit der geistigen, künstlerischen und gestaltenden Leistungen einer Gemeinschaft ebenso, wie ein System von Richtlinien für das Individuum, das in dieser Gemeinschaft lebt. Kultur ist also sehr viel mehr als nur eine gemeinsame Sprache. Sie hat Einfluss auf die Lebensweise, auf die Mentalität und beruht auf Gemeinsamkeiten. Was sie genau ausmacht, ist nicht leicht zu fassen.

Gemeinsam mit Richard Wagner hat Thea Dorn auf über 500 Buchseiten versucht, die deutsche Seele zu erklären. Von A wie Abendbrot über W wie Wanderlust bis Z wie Zerrissenheit spüren Wagner und Dorn 64 Begriffen nach, auf der Suche nach den Wurzeln unseres nationalen und kulturellen Erbes.

Thea Dorn erklärt mir, dass deutsche Errungenschaften wie Kindergarten, Jugendherberge, Schrebergarten und Freikörperkultur einen gemeinsamen Nenner hätten. Dahinter stecke, so Dorn, die Angst der Deutschen, dass der Mensch sich im Zuge der Industrialisierung immer mehr von der Natur entfernt. Das erkläre auch den deutschen Hang zur Romantik und zur Waldeinsamkeit. Ein Widerspruch zu all den technischen Errungenschaften, die deutsche Erfinder hervorgebracht haben, sei das nicht. Carl Benz etwa habe das Automobil aus Mitleid mit den Pferden entwickelt. Die Ausführungen von Thea Dorn erinnerten mich an ein weiteres Erlebnis im Wald, das mir zeigte, wie viele Identitätsschichten und Gesichter dieses Land hat. Ich fahre oft und gerne in die Sächsische Schweiz, um die schöne Natur dort zu genießen. Einmal wanderte ich mit einem deutschen Freund im Liebethaler Grund umher, wir hatten über die Germanen, die Romantik und den Hambacher Forst gesprochen und versucht, einen gemeinsamen Nenner für all diese Epochen und Ereignisse zu finden. Plötzlich hielt mein Freund inne und sagte: »Schau dir das an!« Vor einem Felsen erhob sich auf einem meterhohen Sandsteinsockel eine gewaltige Statue von Richard Wagner, dargestellt als Gralsritter. Eine Gedenktafel erinnerte daran, dass Wagner hier in der Nähe von Pirna Ruhe und Inspiration gesucht hatte, als er am ›Lohengrin‹ arbeitete.

Neben dem Denkmal stand eine Musikanlage. Ein Mann, auffallend schick gekleidet und vielleicht Mitte dreißig, betätigte den Startknopf, setzte sich dann auf eine Bank gegenüber dem Denkmal, lehnte sich zurück und verschränkte die Arme hinter dem Kopf. Wenige Augenblicke später ertönte die Ouvertüre zu ›Lohengrin‹. Ich muss ehrlich sagen, dass diese Szene mich mit Ehrfurcht erfüllte: Die Musik, der Wald, das Echo, die Hingabe des Mannes beim Hören der Musik.

Doch bald kam ein anderer Deutscher vorbei, etwas jünger, und mit einem Joint in der Hand. Er rief nach seinem Hund, der just in diesem Augenblick das Bein hob und gegen das Denkmal Richard Wagners pisste. Ich konnte ein Lachen nicht unterdrücken. Und was tat der Hundebesitzer? Er lobte seinen Hund für diese »Schändung«.

Auch das ist Deutschland. Man kann sein Land und die Kultur, die es hervorgebracht hat, lieben, hassen oder verachten, aber keiner sollte seine Haltung absolut setzen. Deutschland ist all das zusammen: Wald und Maschine, Christentum, Romantik und Aufklärung. Die ewige Suche nach dem Führer und die schmerzhafte Befreiung davon. Das Land von Kleinmut und Größenwahn. Von Bescheidenheit und Narzissmus. Von Selbstzweifel und Selbstüberschätzung. Geprägt von Skepsis gegenüber der Welt und dem Wunsch, von der Welt geliebt zu werden. Die Kulturnation, die einen Zivilisationsbruch begangen hat. Die im 20. Jahrhundert sechs Millionen Juden vernichtete und im 21. Jahrhundert die Grenzen für Millionen Flüchtlinge öffnete. Das Land von Goethe und Goebbels, von Hitler und Hesse, von Karl Marx und Carl Benz, von Luther und Loriot. Das Land der Denker und der Denkverbote. Eine Kultur, die offen ist für arabische und türkische Literatur, für Döner und Spaghetti und Wein aus Südafrika, für Jazz, Rock 'n Roll und Bauchtanz, für Moscheen und Hindu-Tempel, für den Humor von Serdar Somuncu und Filme von Fatih Akin. Und in dem doch Verbrechen wie die des NSU lange Zeit als Banden- und Milieukriminalität abgetan wurden. Ein Land, in dem Thilo Sarrazin Millionen Leser, die AfD Millionen Wähler erreichen konnte.

You can't have one without the other – all diese widerstreitenden Elemente gehören nicht nur zu Deutschland dazu, sie sind Ergebnisse eines langen Prozesses. So wie die Reformation ohne die Gründung des Heiligen Römischen Reiches nicht zu denken ist. Ohne die Reformation wäre es nicht zum Streit der Konfessionen im Dreißigjährigen Krieg gekommen, und ohne den Dreißigjährigen Krieg hätte es den Westfälschen Frieden nicht gegeben. Ohne den Westfälschen Frieden wäre die Idee des modernen Nationalstaats nicht geboren worden. Und ohne diese Idee wären der Boden für Nationalismus und Faschismus nicht bereitet worden. Ohne Hitler und die Nationalsozialisten wäre Deutschland und der Welt die Katastrophe des Dritten Reiches und des Zweiten Weltkriegs erspart geblieben. Ohne diese Katastrophe aber wäre das demokratische und pluralistische Deutschland, wie wir es heute kennen, nicht vorstellbar.

Deutschland ist nicht ein starres Konstrukt, sondern das Ergebnis eines vielschichtigen Prozesses. Und so ist es auch mit der modernen deutschen Identität. Wer nur einen Aspekt daraus isoliert, ihn überhöht oder negiert, nimmt eine gefährliche Verkürzung vor. Denn jedes Mal, wenn Deutschland in die Katastrophe geführt wurde, steckte dahinter ein vereinfachtes Bild von Deutschland, das auf Ambivalenz und Zweideutigkeit verzichtete.

Diese Ambivalenz, diese Vielschichtigkeit und die Fähigkeit, aus all diesen widersprüchlichen Thesen eine Synthese zu machen, macht Deutschland für mich zu einem einzigartigen Land, von dem ich gelernt habe, auch mit meiner eigenen Identität anders umzugehen. Ich habe gelernt, dass die Flucht aus meiner ägyptisch-islamischen Identität keine Lösung ist. Ich habe in Deutschland Selbstkritik und rationales Denken gelernt. Wobei Selbstkritik nicht mit Selbstgeißelung zu verwechseln ist. Ich suchte in der deutschen Identität das Gegenteil zur ägyptischen – die Antithese. Doch was mir wirklich weitergeholfen hat, war die Synthese. Meine Identität heute vereint die Gegensätze. Ich bin Ägypter, Deutscher und Weltbürger. Ein Stück Nildelta, ein Stück Bayern, ein Stück Erfurt, ein Stück Berlin. Keine dieser Identitäten kann ein Ersatz für die andere sein. Sie fügen sich zusammen, wie viele verschiedene Sorten von Gemüse und Kräutern in einem Salat. Erst diese Mischung macht den Geschmack einzigartig und reich. Sie sind wie die Stufen einer Leiter, die alle erklommen werden müssen, damit man zu sich selbst gelangt. Zuerst ist da die Stufe der Identität, in die man hineingeboren ist, dann folgt die Stufe des Haderns, dann die der Versöhnung damit. Im nächsten Schritt kommt die Wahlidentität und die Auseinandersetzung damit, schließlich die erweiterte Überidentität.

Weltbürger kann kein Mensch sein, der den engen Labyrinthen seiner Kultur als Maß aller Dinge verhaftet bleibt, aber auch keiner, der daraus flieht. Man kann mit seiner Identität hadern, solange man will, doch am Ende sollte man sich mit seiner Kultur versöhnen, um sich mit sich selbst zu versöhnen. Versöhnung heißt, die Widersprüche diese Identität zu verstehen, sie auszuhalten und zu akzeptieren. Erst dann hat man die nötige Distanz zu seiner Kultur und Identität, um sie ohne Selbstverherrlichung zu lieben, aber auch, um sie ohne Selbstgeißelung zu kritisieren. Diese Distanz und diese Ambivalenz sind das, was die Aufklärung für mich ausmacht. Sie ist die beste Basis für eine gemeinsame Identität. Eine Willkommenskultur, die diese Ambivalenz außer Acht lässt, wird scheitern. Eine Leitkultur genauso. Das ist mein Appell an die Politik, an die Vertreter der Zivilgesellschaft und auch an jene, die sich mit Integrationspolitik beschäftigen, die gerade im Namen der Toleranz den Teppich ausrollen für eindimensionale Identitäten und damit auch eindimensionale deutsche Identitäten stärken. Es ist ein Appell an alle, die Deutschland in ein gutes und ein böses Deutschland aufteilen. Ein Appell an Menschen, die sich Patrioten nennen, und damit eine Rolle rückwärts meinen. Und an Migranten, die glauben, die Ambivalenz der westlich-deutschen Kultur würde ihre Identität gefährden. Nichts gefährdet Identität mehr als Starrheit, Angst und die Überhöhung des Eigenen durch Abwertung des Anderen. Wer statisch bleibt, entkoppelt sich selbst vom Leben. Denn Leben ist Wandel, Flexibilität und Vielfalt sind die wichtigsten Prinzipien der Natur. Eine Kultur, die den Wandel und die gegenseitige Befruchtung mit anderen Kulturen ablehnt, schwächt das eigene Immunsystem und zerstört sich selbst von innen, bevor sie von außen angegriffen wird. Eine Kultur gibt sich auf, wenn sie den Glauben an sich selbst und an seine Werte verliert.

Ein Pfaffe kommt von der Psychiater-Couch und schreibt ein Buch.

Erinnerungskultur, Willkommens-
kultur, Wutkultur:
Wenn Schuld spaltet, statt zu einen

Eine Vielzahl der Migranten in Deutschland kommt aus der Türkei und aus arabischen Staaten. Auch sie sind beladen mit eigenen
Identitäten, mit »Reichsmythen« und »heiligen Aufträgen«: Sowohl das Osmanische als auch das Arabisch-Islamische Reich
hatten ähnliche Ambitionen wie das gescheiterte Alte Reich. Sie
sahen sich mit einem heiligen Auftrag ausgestattet, die islamische
Identität zu verteidigen und sie in die ganze Welt zu tragen. Sie
definierten sich als eine Antithese zum Abendland, mit dem sie
seit Jahrhunderten in Konflikt standen. Mal bauten sie ihre Reiche auf den Trümmern alter westlicher Reiche auf, mal mussten
sie selbst unter westlichen Kreuzzügen oder der Kolonialherr-
schaft leiden. Sie kommen nach Deutschland, ohne die eigenen
Reichsmythen und die alten Ressentiments gegenüber dem Westen überwunden zu haben. Sie sehen Deutschland als das Herz
Europas und somit als Repräsentanten des Westens und Träger
einer historischen Schuld gegenüber der islamischen Welt.

Deutschland selbst hat den eigenen Reichsmythos politisch
und intellektuell überwunden und sich in die westliche Wertegemeinschaft eingefügt, doch emotional und in den Köpfen der
Menschen lebt die Vergangenheit weiter. Bei den einen zeigt sich
das in Nationalismus und Rassismus, bei den anderen in einem
Wunsch nach der Überwindung alles Deutschen. Beiden Extremen gemeinsam ist die Schuld als Motivator – die Pole lauten
»Schlussstrich« und »Nie wieder!«.

Gerade in Ostdeutschland, wo auf die NS-Diktatur ein weiteres

System folgte, das seine Bürger überwachte und isolierte, wechselte man von einer Situation der politischen Ohnmacht in die nächste. Die DDR hat die Nazidiktatur nie wirklich aufgearbeitet. Antifaschismus war Staatsdoktrin, man sah sich als das bessere Deutschland und als Nachfolgerin des Widerstandskampfes der KPD. In der Erinnerungskultur wurde unterschieden zwischen »Kämpfern gegen den Faschismus« und »Opfern des Faschismus«, die zunehmend in den Hintergrund traten. Hinzu kam, dass die DDR antiwestlich orientiert war und sich von der liberalen, politischen Kultur des Westens abzuschotten versuchte.

Der Fall der Mauer und die deutsche Einheit hätten Anlass sein können und müssen für eine Debatte über gemeinsame Werte und eine gemeinsame Identität der beiden so unterschiedlichen Teile Deutschlands. Doch das Projekt Wiedervereinigung wurde hauptsächlich nach wirtschaftlichen Aspekten abgewickelt. Die Deutsche Mark ersetzte die Ostmark und der Traum von den blühenden Landschaften ließ notwendige Wertedebatten verstummen. Was für die Bürger der DDR bis dahin gegolten hatte, womit sie sich identifiziert und was sie auch als positive Errungenschaften betrachtet hatten, all das galt nun nicht mehr. Vierzig Jahre einfach abzulegen wie eine alte Jacke – dass das nicht gelungen ist, zeigt verklärende Ostalgie ebenso wie die Anfälligkeit mancher für Ressentiments und einfache Antworten.

Die Angst vor dem »hässlichen Deutschen«

Den Preis für die damals verpasste Chance einer offenen Debatte, wie dieses neue, wiedervereinte Deutschland eigentlich sein könnte, zahlen wir längst. Heute leben Deutsche mit ganz verschiedenen Erinnerungskulturen Seite an Seite, Menschen, die Schuld als identitätsstiftendes Element betrachten und solche, die vor dieser Identität in rechte oder linksextremistische Ideologien fliehen. Dazu Migranten, die sich selbst abgrenzen oder ausgegrenzt werden, die selbst dann, wenn sie sich für die deutsche Staatsbürgerschaft entscheiden, doch auf ihre Rolle als Ausländer reduziert werden.

Die Einen fühlen sich provoziert von den Migranten, die selbstbewusst an ihren Mythen und Identitäten festhalten, und im Stich gelassen von jenen Deutschen, die mahnend und mit dem Verweis auf die historische Schuld den moralischen Zeigefinger erheben. Die Anderen haben Angst vor dem Wiedererstarken reaktionärer Kräfte und dem fremdenfeindlichen Potenzial der Rechten. Sie solidarisieren sich mit Migranten, verklären deren Reichsmythen und Religion als kulturelle Identität, die die Deutschen in Anbetracht ihrer Geschichte nicht angreifen dürften.

Diese Art des Umgangs mit Schuld treibt manche Deutsche in die Hände jener Ideologie, die diese Schuld erst zustande brachte; und sie rehabilitiert und hofiert importierte nationalistische und religiöse Ideologien, die der demokratisch-pluralistischen Gesellschaft und ihren Errungenschaften feindlich gegenüberstehen. Politiker und Vertreter der Zivilgesellschaft suchen den Dialog mit rechtsradikalen türkischen Organisationen wie den Grauen Wölfen oder mit Islamverbänden, die dem iranischen Regime oder den Muslimbrüdern nahestehen. Manche dieser Verbände werden gar mit Steuergeldern subventioniert, Staatsverträge zum Islamunterricht räumen ihnen Einfluss auf unser Bildungssystem ein. Diese Islamverbände sind schnell bei der Hand mit Verweisen auf die deutsche Schuld und wittern Rassismus, wenn jemand ihre antidemokratischen Projekte kritisiert.

Gleichzeitig relativieren viele Linksliberale den Antisemitismus, sofern er aus den Reihen der Muslime kommt. Da wird betreten geschwiegen oder wortreich auf Israel verwiesen und den Umgang mit den Palästinensern. Antisemitismus wird nicht weniger gefährlich dadurch, dass er von einer anderen »schützenswerten« Minderheit vorgebracht wird, die per se nur Opfer, nicht Täter sein kann.

Deutschland hat während des Krieges großes Unheil über die Welt gebracht. Zwei der Konsequenzen, die daraus gezogen wurden, lauten: Nie wieder Krieg und nie wieder Unterdrückung von Minderheiten. Um sie zu schützen, gehen wir aber sogar so weit, von Überzeugungen abzurücken, die unsere Gesellschaft ausmachen. Wir machen Integrationsangebote, schrecken aber vor Geboten, Verboten und Sanktionen zurück. Wir gewähren Freiheit und tolerieren die Unterdrückung von Frauen und Mädchen, Zwangsheirat und Schwimmverbot im Namen der Religion. Wir schrecken vor dem Konzept des Förderns und Forderns zurück, weil wir uns unserer eigenen Werte und Kultur nicht sicher sind und weil über allem die Angst vor dem Bild des bösen Deutschen schwebt. In einem Gastvortrag an der Heinrich-Heine-Universität in Düsseldorf stellte Joachim Gauck eine rhetorische Frage, die all das treffend zusammenfasst: »Sehe ich es richtig, dass (…) die Rücksichtnahme auf die andre Kultur als wichtiger erachtet wird als die Wahrung von Grund- und Menschenrechten?«[1]

Wie wichtig ein stabiler Wertekanon und eine gemeinsame Identität sind, sieht man auch an der Europäischen Union. Es wurden Staaten in den Bund aufgenommen, die gegenwärtig Demokratie, Meinungs- und Pressefreiheit abbauen und die Unabhängigkeit der Justiz untergraben; und die rassistische und antisemitische Parolen als Mittel der Politik dulden und Solidarität vermissen lassen. Aber außer zu mahnen und zu appellieren kann Brüssel kaum etwas dagegen unternehmen, weil das Instrumentarium an Sanktionsmöglichkeiten beschränkt ist und Entscheidung über deren Einsatz einstimmig getroffen werden müssen.

Im eigenen Land bieten wir Flüchtlingen Schutz und Zuwanderern die Möglichkeit, hier zu arbeiten und zu leben. Doch die Regeln für das Zusammenleben haben wir nicht klar definiert.

Und so haben wir die Entstehung von Organisationen auf allen Seiten des politischen und religiösen Spektrums begünstigt, die antidemokratisch, antiwestlich und antisemitisch sind, die aber wegen des Gebots der Toleranz und wegen der schnell gezückten historischen Schuldkeule angeblich geduldet werden müssen. Wir erleben ein wiedererstarktes Spektrum an Rechten, die Synagogen, jüdische Friedhöfe und Moscheen angreifen. Wir haben Linke im Land, die in Israel ein neues Unterdrückungsregime sehen und die im Namen der Solidarität mit den Palästinensern antisemitische Parolen verbreiten. Es scheint, als würden von der Abgrenzung von bzw. der Berufung auf die historische Schuld vor allem politische und religiöse Extremisten profitieren, nicht aber die demokratischen Deutschen, die hier lebenden friedlichen Muslime, Juden oder andere Minderheiten.

Lehren aus Holocaust und Krieg

Um jedes Missverständnis gleich aus dem Weg zu räumen: Ich plädiere hier weder für einen Schlussstrich noch für eine Relativierung der historischen Schuld Deutschlands. Der Holocaust und die Kriegsverbrechen können und dürfen nicht als »Fehler« betrachtet werden, die während des Krieges eben passiert seien. Nein, es war ein Zivilisationsbruch auf allen Ebenen. Ein Schlussstrich oder eine Relativierung ist allein deshalb schon nicht möglich, weil der Holocaust nicht ohne die gesamte deutsche Geschichte, die zum Holocaust führte, gedacht werden kann. Er war ein singuläres Ereignis im Sinne des Grauens und der Menschenverachtung und der Systematik der Durchführung, aber auch eine Folge von Entwicklungen und eines Geistes, dessen Wurzeln weit zurückreichen. Daher plädiere ich dafür, das Dritte Reich im Kontext der gesamten deutschen Geschichte zu betrachten. Ich habe ausführlich über das Heilige Römische Reich und die Entwicklungen im 19. Jahrhundert gesprochen, nicht nur, weil ich geschichtlich interessiert bin, sondern weil ich einen klaren Zusammenhang zwischen dem, was sich damals in Deutschland abspielte, und dem, was wir heute an Identitätskonflikten und antidemokratischen Tendenzen im Lande haben, sehe. Viele Ideen, Emotionen und Identitätsmuster, die als längst überwunden gelten könnten, werden auch heute noch gehandelt. Wir erleben einen Stellvertreterkrieg der alten Reiche auf deutschem Boden, weil all diese Reiche immer noch nicht vollkommen überwunden sind. Dem Anschein nach sehen wir einen Kampf zwischen dem islamischen und dem mittelalterlichen christlichen Reich, vertreten durch Islamisten und Rechtsradikalen. In Wirklichkeit kämpfen beide gemeinsam gegen die Aufklärung und die westlichen Werte. Sie sind aus dem gleichen Holz geschnitzt, sie stehen für Patriarchat, Untertanenmentalität und Ordnung auf Kosten der individuellen Freiheit.

Den Holocaust und die NS-Diktatur in einem größeren Kontext zu sehen bedeutet nicht nur, Erinnerung und Schuldgefühle zum Kompass unseres Handelns zu machen, sondern einerseits den langen Prozess zu verstehen, der dazu führte und andererseits den langen Prozess der Heilung Deutschlands zu durchdringen. Denn es gab ja nicht nur einen Weg hinein in die Katastrophe, sondern auch einen Weg heraus. Es geht darum zu verstehen, dass Identitäten tödlich sein können, wenn sie eindimensional verstanden werden und sich nur durch Abgrenzung und Verachtung von anderen Identitäten entfalten. Eine Identität sollte dazu dienen, Menschen Orientierung und Halt zu bieten, indem sie aus sich selbst heraus überzeugt, und nicht, indem sie Fronten zu anderen eröffnet und Feindbilder schafft. Sie sollte Menschen vor Angst schützen, nicht aber selbst zum Quell von Angst werden.

Die Erinnerung an den Zweiten Weltkrieg und den Holocaust soll uns vor Augen führen, wozu Hass, Wut und Rassismus führen können. Doch wir müssen daraus die richtigen Konsequenzen ziehen. »Nie wieder Krieg« hat bisher funktioniert, wenn man den

Zusatz berücksichtigt, dass er nie wieder von deutschem Boden ausgehen dürfe. Auch das Gebot des Schutzes von Minderheiten ist selbstverständlich und unverzichtbar in einer Demokratie. Doch der Schutz einer Minderheit beinhaltet keinen Freibrief, Grundrechte oder Menschenrechte missachten zu können. Und wenn kritikwürdige Verhaltensweisen nicht kritisiert werden dürfen, bestärkt das die Populisten und Rassisten nur in ihrem Verdacht, die Meinungsfreiheit in unserem Land sei eingeschränkt. Damit mache man sich auch zu »Verbündeten von Islamisten, die jegliche, auch berechtigte Kritik abblockten, indem sie sie als rassistisch verunglimpften«[2], wie Gauck in seinem Vortrag anmerkte.

Die aus meiner Sicht weiterreichende Konsequenz sollte daher lauten: Nie wieder Unfreiheit, nie wieder Bevormundung, nie wieder Zensur und Maulkörbe, egal, von welcher Seite das kommt. Ob ein Rechter, ein Antifa-Aktivist oder ein Islamfunktionär: Für alle sollten die gleichen Regeln gelten. So wie ein weißer Deutscher nicht von vornehinein wegen seiner Hautfarbe privilegiert werden sollte, darf auch ein Muslim, ein Linker oder ein Rechter wegen seiner religiösen oder ideologischen Vorstellungen weder privilegiert noch diskriminiert werden.

Ein geschriebenes Dokument namens Grundgesetz regelt unsere Beziehung zum Staat, ein ungeschriebenes Gesetz namens freiheitlich-demokratische Grundordnung regelt unsere Beziehung zueinander. Die konsequente Verteidigung der darin und in der allgemeinen Erklärung der Menschenrechte der Vereinten Nationen festgeschriebenen Werte heute ist unsere Versicherung, dass die Vergangenheit sich nicht wiederholt. Jeder, der sich von diesen Werten verabschiedet oder sie infrage stellt, verabschiedet sich auch vom Diskurs und dem Anspruch, gehört zu werden. Auf der Basis dieser Werte aber brauchen wir für eine gemeinsame Zukunft mehr Dialog, mehr Streit und die Bereitschaft, einander zuzuhören. Wir müssen wieder lernen, dass man andere Meinungen auch aushalten muss. Nur so können wir herausfinden, was uns wirklich verbindet.

Wie lange ist gestern, oder:
Die Fixierung auf das Unheil

Berlin ist die deutsche Stadt, die mir am ähnlichsten ist. Sie verändert sich ständig und so schnell, als wolle sie vor den Wunden und der Last der Vergangenheit fliehen. Seit fast zehn Jahren lebe ich nun schon in Berlin. Ich zog dorthin nicht wegen der Arbeit, sondern wegen dieser Stadt, die so vielschichtig ist wie die Geschichte dieses Landes und so vielschichtig wie die deutsche Identität.

Als ich mich noch frei und ohne Polizeischutz bewegen konnte, lief ich gerne in den Straßen Berlins umher und beobachtete, wie die Stadt sich seit 1990 gewandelt hat. Trotz der permanenten Veränderung blieben einige Stellen zurück, die die Narben der Vergangenheit deutlich zeigen. Bei einem meiner Streifzüge stand ich einmal lange vor einem Gebäude in der Oranienburger Straße, das die wechselvolle Geschichte von Stadt und Land in sich vereint: Ich meine das Kunsthaus Tacheles gegenüber der Neuen Synagoge, die die »Reichspogromnacht« im Jahr 1938 wie durch ein Wunder mit nur kleineren Schäden überstanden hatte. In der Gegenüberstellung dieser beiden Gebäude wird die jüngere Geschichte Deutschlands lebendig.

Nach dem Fall der Mauer präsentierte sich das »Tacheles« nur noch als Fragment. Vom Krieg weitgehend verschont, aber nie saniert, sollte es eigentlich abgerissen werden, die Arbeiten waren jedoch nicht zu Ende gebracht worden. In der Fassade klafften gewaltige Lücken, an der schmalen Seite sah ich ein großes Graffiti. Ein Mensch blickte ins Leere, darüber war zu lesen »HOW LONG IS NOW«. Die Frage, auf die kein Fragezeichen folgte, hallte wie ein existenzieller Schrei nach. Eine Frage, die für mich wie ein Protest gegen die Nostalgie und das Vergessen zugleich klang. Als Protest gegen eine Vergangenheit, die nicht vergeht und eine Gegenwart, die immer noch nicht ganz da ist. So gesehen hätte die Frage auch »Wie lange ist gestern« lauten können.

Das »Gestern« des Gebäudes ist so wechselvoll, wie die jüngere Geschichte des Landes. Eröffnet wurde es 1909 als »Friedrichstraßenpassage« – ein prachtvoller Konsumtempel für die Berliner. In den 1920er-Jahren wurde es als »Haus der Technik« von der AEG genutzt, ein Jahrzehnt später waren darin verschiedene NSDAP-Dienststellen untergebracht. Zu DDR-Zeiten wurde es vom Freien Deutschen Gewerkschaftsbund (FDGB) und der Nationalen Volkarmee genutzt, auch ein bekanntes Kino war darin untergebracht.

Nach der Wende gab es eine Debatte, ob das Gebäude wegen seiner NS- und DDR-Vergangenheit abgerissen werden sollte oder nicht. Kurz vor dem Abriss wurde das Gebäude im Frühjahr 1990 von einer internationalen Künstlerinitiative besetzt, die zwei Jahre später erwirkte, dass der Komplex unter Denkmalschutz gestellt wurde. Berlin, als Sitz der Reichsregierung und vieler ausführender Organe einst geistiges Zentrum von Rassenlehre, diffamierenden Maßnahmen wie der Bücherverbrennung und dem Vorgehen gegen »entartete Kunst«, wurde nun zum Magnet für Künstler aus der ganzen Welt, die hier Inspiration finden wollten. Der Name »Kunsthaus Tacheles« war bewusst gewählt: »Tacheles«, jiddisch für »Klartext«, war ein symbolischer Aufruf gegen das Schweigen. 21 Jahre lang bot das Haus Künstlern und kulturellen Institutionen eine Heimat. Doch die Globalisierung machte auch vor Berlin und seinen Kulturschaffenden keinen Halt. 2012 wurde das Gebäude geräumt. Inzwischen hat eine New Yorker Investmentfirma das Tacheles gekauft. An seiner Stelle soll ein neues Gebäude entstehen, in das auch der historische Teil integriert werden soll. Vermutlich wird der Komplex Läden, Eigentumswohnungen, Büroräume und ein Museum beherbergen.

Das Gebäude in der Nachbarschaft, die Neue Synagoge, die 1866 eingeweiht wurde, galt den einen als prachtvolles Symbol für selbstbewusstes jüdisches Leben in Deutschland, die anderen kritisierten den Bau als orientalisch anmutenden Fremdkörper in einer preußischen Umgebung. Dass selbst jüdische Liberale damit ihre Schwierigkeiten hatten, was später zu einer Spaltung der Gemeinde führte, kam deutsch-nationalen Kräften nur entgegen. Nach den Pogromen vom 9. auf den 10. November 1938 blieb die Synagoge bis April geschlossen, der letzte Gottesdienst fand im Januar 1943 statt. Das Gebäude diente der Wehrmacht als Lager und wurde gegen Ende des Jahres durch Bomben schwer beschädigt. 1958 wurden weite Teile abgerissen, nur zur Straße hin wurde ein Gebäudeteil stehen gelassen, als Mahnmal gegen Krieg und Faschismus. Dreißig Jahre später wurde eine Stiftung ins Leben gerufen, mit dem Ziel, die Neue Synagoge so wiederaufzubauen, dass sie sichtbar einstige Pracht und Zerstörung zeigte. Eine Restaurierung des Originalzustandes war verworfen worden, könnte man dies doch als Versuch missverstehen, die Vergangenheit vergessen machen zu wollen.

Die Vergangenheit zu vergessen, das sollte eine konsequente Erinnerungskultur verhindern. In den Schulen, in den Medien, in den KZ-Gedenkstätten und anderen Orten des Gedenkens an die Gräuel der NS-Zeit wird gewarnt und gemahnt, »so etwas« dürfe »nie wieder passieren«. Darin sind sich sicher die meisten einig, dennoch wurde jahrelang darüber gestritten, ob es in der Hauptstadt eines weiteren Erinnerungsortes bedürfe. Der Historiker Eberhard Jäckel setzte sich gemeinsam mit der Publizistin Lea Rosh für eine solche Holocaust-Gedenkstätte ein. 2005 wurde sie schließlich nahe dem Brandenburger Tor eröffnet. Ich dachte, ich höre nicht richtig, als Jäckel zum fünften Jahrestag des Mahnmals sagte: »In anderen Ländern beneiden uns manche um dieses Denkmal. Wir können wieder aufrecht gehen, weil wir aufrichtig waren. Das ist der Sinn des Denkmals.« Klang da nicht durch, was der Philosoph Hermann Lübbe meinte, als er vom »Sündenstolz der Deutschen« sprach, die zu ihren Untaten stünden, wie andere zu sportlichen Leistungen?

Jäckels Verdienste um das Denkmal wie um die Forschung

zum Nationalsozialismus sind unbestritten. Doch in der Überhöhung der Leistung bei der Aufarbeitung der Gräuel liegt auch eine Gefahr. Dass das Denkmal nicht nur an die Opfer und ihre Nachkommen gerichtet ist, sondern auch an die Deutschen, und dass damit eine gewisse Entlastungsfunktion verbunden ist, wird in Jäckels Äußerung deutlich. Aus »wehret den Anfängen« kann so selbstgefälliges Schulterklopfen werden und eine vermeintliche Immunität gegen rechte Strömungen, die in falscher Sicherheit wiegt.

Eine Überbetonung der deutschen Schuld als identitätsstiftendes Merkmal einer ganzen Nation kann wiederum dazu führen, dass alles Denken und Handeln auf Abgrenzung zu dieser Schuld gründet. Manche können an diesen Schuldgefühlen zerbrechen. Andere werden sie verharmlosen, um besser damit leben zu können. Und wieder andere werden versuchen, einen Schlussstrich unter die Nazizeit zu ziehen. Wenn der Thüringer AfD-Politiker Björn Höcke das Holocaust-Mahnmal als »Denkmal der Schande« bezeichnet und wenn dessen Parteikollege Alexander Gauland Hitler und die Zeit des Nationalsozialismus als »Vogelschiss« in tausend Jahren deutscher Geschichte betrachtet, spricht dies jenen Deutschen aus der Seele, die sich aus der historischen Schuld befreien oder diese zumindest relativieren wollen.

Wie aber kann eine Erinnerungskultur aussehen, die nicht alles nur an dieser Phase der deutschen Geschichte festmacht, ohne sie gleichzeitig zu vernachlässigen? Mit Joachim Gauck spreche ich über die deutsche Schuld und die konkurrierenden Erinnerungskulturen im Land. Der ehemalige Bundespräsident war als erster Bundesbeauftragter für Stasi-Unterlagen zehn Jahre lang mit der Aufarbeitung der DDR-Diktatur befasst, und von 2003 bis 2012 Vorsitzender des Vereins »Gegen Vergessen – für Demokratie«.

Gauck stellt das Problem mit dem Erinnern in einen historischen Kontext. »Die Menschen mussten nach dem Krieg verarbeiten, dass das von einer Hochkultur geprägte Land so tief gefallen war. Das war für die Mehrheit schwer zu begreifen. Zunächst kam Schweigen und Verdrängen. Aber nach der Verdrängung begann eine immer intensivere Aufarbeitung. Das war richtig und wichtig.« Täter und Mitläufer seien benannt, Schuld eingestanden worden. Das habe Streit erzeugt, da diejenigen, die lieber schweigen wollten, Schuldbekenntnisse und Tateingeständnisse als Nestbeschmutzung empfunden hätten. Doch Schritt für Schritt, über die Medien, Schulen, Kirchen und Kulturträger, habe sich diese Form der kritischen Auseinandersetzung »mit uns selbst« durchgesetzt.

Die Aufarbeitung des Geschehens und das Übernehmen der Verantwortung dafür seien die positiven Effekte der Erinnerungskultur. Allerdings sieht Gauck auch einen negativen Aspekt: Selbsthass und eine neurotische Engführung und Interpretation des Geschehens. »Die Neurose beginnt mit dem Gedanken, der Deutsche sei prinzipiell unfähig zum Guten. Es wurde gerufen: ›Nie wieder Deutschland!‹ Aber aus lauter Angst, die jungen Menschen könnten sich dem Faschismus zuwenden, haben wir zeitweilig eine unschuldige Generation mit Schuld angesteckt.«

Gauck sieht die Gefahren einer Fixierung auf vergangenes Unheil. Den Begriff »Unheil« benutzt er ganz bewusst: »Weil es einen Nexus gibt, eine Verbindung von der Anschauung des tiefen Bösen hin zu einer religiösen Überhöhung.« In der griechischen Philosophie und der christlichen Ethik habe es ein sogenanntes *summum bonum* gegeben, ein höchstes Gut als Orientierung für die Gläubigen, einen höchsten Zweck des moralischen Handelns, so Gauck. »Eine Gesellschaft, die dieses höchste Gut verliert, erleidet eine Orientierungskrise. Sie sucht unbewusst nach einem Orientierungsrahmen, sie sucht einen neuen Fixpunkt, von dem aus ein Verstehen und Deuten des Ganzen möglich werden kann. Das kann auch ein ›Malus‹ sein, etwas Drastisches, ein Gegenpunkt oder Ersatz zum ›höchsten Gut‹. Und genau das tut eine politische Pädagogik, die dem Bürger sagt: Wir waren damals so verkommen, dass uns prinzipiell nicht zu trauen ist – ›der Schoß ist fruchtbar noch, aus dem das kroch‹. Doch das war für die Psychen der zweiten und teilweise noch dritten Generation gefährlich. Denn dieses Gut-Sein aus Gründen der Sühne spricht ja bei allen nicht schuldigen Menschen nicht die besten in ihnen ruhenden Möglichkeiten an, sondern ist fest gebunden an das Unheil.«

Gauck befürchtet, dass diese Form der Erinnerungskultur junge Menschen nicht ermächtigt, sondern eher entmächtigt. »Eine linksliberale Leitkultur hat zwar dafür gesorgt, dass wir die Fakten akzeptieren und Schuld nicht leugnen, aber sie hat in der Vergangenheit häufig auch dafür gesorgt, dass wir unseren positiven Potenzialen nicht trauen. Keiner würde sein Kind zum Misstrauen gegen sich selbst erziehen, aber in der Erziehung der Nation hielt man das in gewisser Weise für eine Tugend«, so Gauck.

Mich erinnerte das an meine eigene Erziehung und an die in anderen fundamentalistisch-religiösen Familien, in denen Kinder durch Schuldgefühle und Angst vor der Hölle erzogen werden. Joachim Gauck wäre der Letzte, der einen Schlussstrich befürworten oder die Vergangenheit relativieren würde. Er will vielmehr, dass die Deutschen selbstbewusst und verantwortungsvoll zugleich mit der Erinnerung umgehen. Eine aktive Erinnerungsarbeit in diesem Sinne bedeutet, die historische Aufarbeitung mit einem gegenwartsbezogenen Engagement für die Zivilgesellschaft zu verbinden. Sonst bleiben Formulierungen wie »Nie wieder!« hohle Phrasen.

Schuld überwinden, aber wie?

Als Student an der Uni Augsburg weigerte ich mich lange, das Konzentrationslager in Dachau zu besuchen. Ich hatte genug mit meinen eigenen Traumata und meiner eigenen Erinnerungskultur zu tun. Als Kind hatte ich das Schlimmste erlebt, was ein Kind ertragen kann; ich hatte alles versucht, um zu vergessen, aber es gelang mir nicht. Stattdessen identifizierte ich mich irgendwann mit den Wunden und dem Schmerz und baute um sie herum meine Identität. Doch die Last auf meinen Schultern hat mich immer wieder gebrochen. Weil ich den Schuldigen nie bestrafen konnte, richtete ich die Strafe gegen mich selbst. Aggression ist die Kehrseite von Schuld. Beide zusammen münden gelegentlich in Autoaggression. Ich habe mir oft selbst Schmerzen zugefügt, um den Schmerz der Wunden aus meiner Kindheit zu vergessen. Manchmal schien es auch hilfreich, Sündenböcke zu finden, auf die ich die Schuld schieben konnte. Der Hass, den ich ihnen entgegenbrachte, sollte mich von den eigenen Schmerzen ablenken. Vergebens.

Diese Mechanismen, die bei mir damals im Kleinen griffen, findet man auch in größeren Strukturen. In meiner ägyptischen Erinnerungskultur zum Beispiel sieht man Juden lieber als Täter, nicht als Opfer. Mein Vater kämpfte während des Sechstagekrieges 1967 gegen Israel. Er galt sechs Monate lang als vermisst, hatte die verkohlten Überreste seines besten Freundes bergen müssen und kehrte traumatisiert vom Schlachtfeld zurück. Sein Trauma war eine Last für die ganze Familie, die unter seinen Wutausbrüchen und seiner Gewalt leiden musste. In den ägyptischen Schulbüchern, in den Medien und in den Freitagspredigten wurden Juden immer als die Verkörperung des Bösen dargestellt. Kritisch hinterfragt habe ich das lange nicht, die Erfahrungen meines Vaters und das ägyptische Narrativ verschmolzen zu einer Einheit. Das identitätsstiftende Element war eines der Abgrenzung: von Israel und »den Juden«.

Dass Antisemitismus auch etwas mit mir zu tun haben könnte und nicht nur ein Problem der Deutschen ist, habe ich erst nach Jahren begriffen. Wie viele Migranten aus dem arabischen Raum habe ich das Hochhalten der Erinnerung an den Holocaust als eine Art emotionale Erpressung verstanden, als Versuch, kritische

Äußerungen zu bzw. eine feindselige Haltung gegenüber Israel im Keim zu ersticken. Doch nachdem ich einem Menschen die Freundschaft gekündigt hatte, einzig aus dem Grund, weil er Jude war, kam ich ins Grübeln. Ich schämte mich wie selten zuvor in meinem Leben. Mein Wissen und meine Gefühle waren von der ägyptischen Propaganda verseucht. Ich war schockiert, dass ich nach Jahren in Deutschland immer noch nicht genug Distanz zu dieser einseitigen Version der Geschichte hatte und dass ich die Welt nach wie vor wie meine indoktrinierten Landsleute interpretierte. Ich war nach Deutschland gekommen, um in Freiheit zu leben, konnte mich aber immer nicht einmal befreien von den Fesseln der Feindschaften, die in meinem Kulturraum gepflegt werden. Erst als ich mich intensiver mit der deutschen Geschichte beschäftigte, erkannte ich die universelle Bedeutung des Holocaust: Die Erinnerung daran sollte für uns alle eine Mahnung sein.

Ich besuchte erst Dachau, dann Auschwitz und Buchenwald. Diese Besuche haben mir das Ausmaß der Tragödie erst wirklich nähergebracht. Ich war erschüttert, als ich vor den Gaskammern stand. Und ich fühlte mich schuldig. Schuldig, dass ich einem liebgewonnenen Menschen die Freundschaft gekündigt hatte, dass die Saat des Antisemitismus auch in meiner Kultur, in meinem Kopf aufgegangen war.

Während meiner Besuche in den Konzentrationslagern erlebte ich auch junge Schüler, die trotz pädagogischer Begleitung mit der Situation nicht umgehen konnten. Manche waren schweigsam und wirkten verstört, andere futterten ihre Sandwiches in sich hinein und unterhielten sich über banale Dinge, als hätten sie gerade nicht in menschliche Abgründe geblickt. Wieder andere lachten fast hysterisch, vermutlich eine Abwehrreaktion gegen die heftigen Emotionen, die während des Besuchs hervorgerufen worden waren. Ich fragte mich, ob und wie die Lehrer bei der Rückfahrt darauf eingehen würden.

Was mich jedoch wirklich schockierte, war der Kommentar eines arabischen Gaststudenten. Die Uni hatte ihm und seinen Kommilitonen die Fahrt nach Dachau finanziert, um den Studenten dieses dunkle Kapitel der deutschen Geschichte näherzubringen. Er sagte grinsend: »Jetzt haben wir ja eine praktische Anleitung bekommen, wie wir mit den Juden umgehen können.«

Als ich später einer Freundin davon erzählte, erinnerte diese sich an eine Geschichte, die sie in Buchenwald noch zu DDR-Zeiten erlebt hatte. Im Rahmen eines Austausches hatte sie mit anderen westdeutschen Jugendlichen die Gedenkstätte besucht. Als sich die Tür zu einem großen Saal öffnete, in dem ein gut einstündiger Film über die Befreiung des Lagers gezeigt wird, kam eine Gruppe Pioniere der FDJ im gleichen Alter heraus. Nachdem sie bemerkt hatten, dass hier Westdeutsche auf den Einlass warteten, marschierten sie – in Uniform, ganz wie einst die HJ – mit zum Hitlergruß hochgereckten Arm vorbei.

Nun kann man sagen, so war nun einmal das DDR-Narrativ. Wir waren immer schon die guten, die Antifaschisten, die Anhänger Hitlers kamen allesamt aus dem Westen. Aber man muss auch feststellen, dass dieser Abwehrreflex heute noch funktioniert. Im Osten der Republik hat eine wirkliche Aufarbeitung nie stattgefunden. Ein System, das seine Bürger kurzerhand unisono zu Antifaschisten und aufrechten Kämpfern gegen die Nazis erklärt, macht sie anfällig für jenes Gedankengut, das sie eigentlich zu eliminieren gedachte. Vielleicht ist das verordnete Fehlen einer Verantwortung für das damalige Geschehen auch der Grund dafür, dass manche Bürger im Osten des Landes den alten Reichsfantasien immer noch anhängen.

Was die anderen gerade geschilderten Erlebnisse angeht, muss man sich fragen: Hat Gauck recht, wenn er sagt, die Mahner würden eine unschuldige Generation unbeabsichtigt zu potenziellen Tätern erklären und mit Schuld beladen? Kann man schuldig

sein, und trotzdem aufrecht gehen? Oder muss man schuld-
gebeugt nach hinten blicken, immer in Furcht vor der nächsten
Apokalypse? Wie umgehen also mit der Last der Erinnerung?

Aus der Erfahrung mit meinen eigenen Traumata weiß ich:
Vergessen kann man das Unvergessliche nie. Der Schmerz geht
nie wirklich weg. Erst durch die schrittweise Akzeptanz dessen,
was geschehen ist, habe ich einen Zugang zur Heilung gefunden.
Das Hässliche hat das Gute in mir herausgefordert, und mit dem
Schmerz bin ich gewachsen. Ich habe lange mit dem Schmerz
gehadert, sah mich als Opfer, litt an Schuldgefühlen und Selbsthass gleichermaßen. Das hat mich mehr gebrochen als das, was
mir diese tiefe Wunde zugefügt hatte. Ich lernte, dass ich nicht gegen den Schmerz kämpfen muss, sondern gegen die Opferhaltung
und die Schuldgefühle, die aus dem Trauma entstanden waren.
Beide führen zu Selbsthass und Aggression.

Schuldgefühle sind probate Mittel der Manipulation. Religionen spielen mit Schuld und Sühne, Nationalisten vermitteln ihren
Anhängern, sie stünden in der Schuld der eigenen Nation und
dürften diese nicht verraten, Umweltaktivisten appellieren an unser Gewissen, mahnen, dass wir uns gegen die Natur versündigen
und auch in zwischenmenschlichen Beziehungen ist die Aktivie-
rung von Schuldgefühlen eine bekannte Strategie, um die Zunei-
gung oder die Aufmerksamkeit des Partners zu erregen. Meine
eigene Erfahrung hat mich jedoch gelehrt, dass alles, was aus dem
Gefühl der Schuld entsteht, keine stabile Basis sein oder werden
kann, weder für den Glauben noch für die Identität oder für eine
Partnerschaft.

Die Geschichte soll uns Mentor und Wegweiser sein, nicht
aber Herrscher über Gegenwart und Zukunft. Sie soll uns mahnen, doch vereinnahmen darf sie uns nicht. Ob persönliche oder
nationale Geschichte – wir sollten unsere Erinnerungen nicht als
Last tragen, sondern ihnen direkt in die Augen schauen und daraus Lehren ziehen. Denn wer eine schwere Last trägt, kann sein

Haupt nicht erheben, und mit gesenktem Kopf und gebeugtem Rücken kann man seine Arme für andere nicht öffnen!

Der Schmerz vergeht nicht, weder durch Wut noch durch Schuldgefühle. Aber er kann, wie Energie, neue Formen annehmen. Er kann eine lähmende oder eine zerstörende Wirkung haben. Er kann sich aber auch in Kreativität und Mitgefühl verwandeln, wenn er von Bewusstsein und Selbstbewusstsein begleitet wird.

Kapitel 3

Republik der Untertanen?
Das deutsche Bürgertum und
die Angst vor der Freiheit

Bewusstsein und Selbstbewusstsein haben immer auch etwas mit dem Selbstverständnis der Bürger zu tun, die in einem Land oder Staatenbund leben. In der deutschen Brust schlagen – etwas verkürzt dargestellt – drei Herzen, die widersprüchlich sind, aber einander ergänzen: Das Herz des herrschaftstreuen Untertanen, der seine Privilegien verteidigt, indem er ein Stück weit auf seine Freiheit verzichtet. Das Herz des überambitionierten Fausts, der seine Seele an den Teufel verkauft, in der Hoffnung, seine Grenzen überwinden und große Zusammenhänge verstehen zu können. Und das Herz des bescheidenen, aber engagierten Bürgers, der eigenverantwortlich und gewissenhaft arbeitet und die Interessen des Gemeinwesens als seine eigenen sieht.

Untertan, Rebell und Gestalter schließen einander nicht aus, sie bedingen einander: Auf das Biedermeierische folgt das Faustisch-Revolutionäre, und nach der Revolution kommt die Besonnenheit. Aber sehen wir uns zunächst das erste dieser Herzen etwas genauer an.

Bis ins 20. Jahrhundert hinein definierte sich Deutschland maßgeblich darüber, sich von anderen politischen Kulturen des Westens abzugrenzen, ja sogar sie zu verdammen. Auch die Haltung der Deutschen zur Freiheit war von dieser Abgrenzung geprägt. Dem Freiheitsgedanken von Voltaire und dem Freiheitsprinzip von John Stuart Mill stand das deutsche Pathos von Selbstbestimmung und Selbstverantwortung entgegen, welches das deutsche Bürgertum immer geprägt hatte. Dieses Pathos bezog sich allerdings vorwiegend auf die wirtschaftliche und wissenschaftliche Unabhängigkeit, die politische Dimension von Freiheit spielte lange keine Rolle. Aber auch jenseits der Gedanken der Aufklärung und deren politischer Umsetzung schien es den Deutschen an der Fähigkeit zu mangeln, gegen die Verhältnisse im eigenen Lande aufzustehen. So wird Lenin folgendes Zitat zugeschrieben:»Revolution in Deutschland? Das wird nie etwas, wenn diese Deutschen einen Bahnhof stürmen wollen, kaufen die sich vorher eine Bahnsteigkarte!« Ähnlich hatte sich Josef Stalin in einem Gespräch mit Milovan Djilas geäußert:»Sie (die Deutschen) sind ein merkwürdiges Volk, wie Schafe (...). Ich erinnere mich an die Zeit, als ich vor der Revolution in Deutschland war: Eine Gruppe von deutschen Sozialdemokraten kam zu spät zu einem Kongress, weil sie an der Tür warten mussten, bis ihre Eintrittskarten nachgeprüft worden waren. Wann würde ein Russe jemals so etwas tun? Jemand hat einmal ganz richtig gesagt: In Deutschland kann es keine Revolution geben, weil man den Rasen dazu betreten müsste ...«[1]

Bürger vs. Citoyen

Der deutsche Begriff »Bürger« – und damit verbunden die Vorstellung von Bürgertum – leitet sich vom lateinischen *burgus* ab. Damit wurde eine von Mauern geschützte Siedlung bezeichnet, in der Kaufleute und Handwerker lebten, die bestimmte Privilegien genossen. Im Französischen unterscheidet man dagegen zwischen *bourgeois* und *citoyen*. Ähnlich wie Bürger bezeichnet *bourgeois* Mitglieder einer Klasse, die sich durch Vermögen und Bildung von anderen abhebt und gewisse Privilegien beansprucht. Dagegen leitet sich der Begriff *citoyen* von *citeain* ab, das wiederum auf das lateinische *civitas*, Staat, zurückgeht. In diesem Begriff steckt also bereits die Beziehung des Individuums zum Staat.

Der deutsche Bürger definiert sein Bürgertum dadurch, dass er und seine Privilegien durch den Staat geschützt werden. Er lebt in seiner Burg, grenzt sich durch Mauern ab und delegiert den Schutz dieser Mauern an die Obrigkeit. Der Citoyen dagegen gestaltet den Staat mit und schützt dessen Prinzipien. Er überwindet Mauern und reicht dem Rest der Gesellschaft die Hand. Er orientiert sich an Werten, nicht an Besitz oder Macht. Er ist der Bürger, der in der Tradition und im Geist der Aufklärung aktiv ist und eigenverantwortlich am Gemeinwesen teilnimmt. Sein Selbstverständnis basiert historisch auf den Werten der Französischen Revolution, nicht auf Privilegien, die ihm ein Herrscher beschert hat, der im Gegenzug Loyalität und Gefolgschaft fordert.

In seinem politisch-theoretischen Hauptwerk ›Du Contrat Social ou Principes du Droit Politique‹ (›Vom Gesellschaftsvertrag oder: Die Grundsätze des Staatsrechts‹) aus dem Jahr 1762 beschreibt Jean-Jacques Rousseau den Citoyen als »ein höchst politisches Wesen, das nicht sein individuelles Interesse, sondern das gemeinsame Interesse ausdrückt. Dieses gemeinsame Interesse beschränkt sich nicht auf die Summe der einzelnen Willensäußerungen, sondern geht über sie hinaus.« Genau das hat meines Erachtens nicht nur in der Geschichte Deutschlands über weite Strecken gefehlt, sondern das fehlt auch heute, gerade zu einer Zeit, in der dieses politische Engagement der Bürger bitter nötig wäre. Es fehlt der politische Mensch, der sein Interesse am Gemeinwesen nicht nur durch Wahlen und symbolische Demonstrationen gegen rechts oder für das Klima äußert.

Der unsichtbare Bürger vs. der Wutbürger

Ein Bürger, der sein Bürgertum durch seine Ansprüche an den Staat definiert, aber nicht durch seine Mitgestaltung des Gemeinwesens, ist wie ein Kind, das sich inmitten eines Volksfestes am

Rockzipfel seiner Mutter (die Regierung) festhält und Angst davor hat, sie zu verlieren. Er sieht vom Fest nichts außer den Schuhen der anderen Besucher.

Diese Mentalität hat zwei Sorten von Bürgern hervorgebracht, die dem Anschein nach unterschiedlich sind, doch aus dem gleichen Geist entspringen: Auf der einen Seite den stillen, unsichtbaren Bürger, der brav arbeitet, konsumiert und Steuern zahlt, aber nur alle vier Jahre politisch in Erscheinung tritt, um durch seine Stimme politische Mehrheiten für die Regierenden zu sichern. Auf der anderen Seite haben wir den sogenannten Wutbürger, der ständig über »die da oben« schimpft und Verschwörungstheorien in der Welt verbreitet. Er tut nichts für die Veränderung der Verhältnisse, erwartet aber von »denen da oben«, sie mögen doch bitte für ihn den Raum schaffen, in dem er leben kann, wie er möchte. Die einen überlassen alles den Politikern, die anderen machen die Politiker für alle Probleme des Landes verantwortlich.

Beide haben in der jüngsten Vergangenheit auf ihre Weise zur Lähmung des Landes und dem Ende einer offenen Streitkultur beigetragen. Der ansonsten weitgehend unsichtbare Bürger, indem er sich in seine Komfortzone zurückgezogen hat und die Parteien der Mitte als alternativlos gestärkt hat, aus Furcht vor den Extremen. Und der Wutbürger nahm sich durch Hassreden und »Merkel-muss-weg«-Rufe selbst aus der ernsthaften Diskussion oder wurde vom Rest als tumbes »Pack« tituliert und von vornherein aus der Debatte ausgeschlossen. Beide Seiten sorgen so für eine Verkrampfung und Erlahmung des Diskurses und verhindern den Wandel. Die einen schweigen oder beschneiden in ihrem Bestreben, Minderheiten zu schützen, die Meinungsfreiheit und die anderen äußern ihre Meinung, begleitet von emotionalen und verschwörungstheoretischen Ausbrüchen und Feindbildern, und sprechen anderen die Freiheit ab, die sie für sich reklamieren.

Eigentlich mag ich den Begriff »Wutbürger« überhaupt nicht, weil er ein mediales Konstrukt ist und den Eindruck erweckt, dass alle jene, die beispielsweise die Migrationspolitik der Bundesregierung ablehnen, nur aus einer irrationalen Wut heraus agieren würden. Kein Franzose würde die Demonstranten der Gelbwesten als »Wutbürger« oder »Pack« bezeichnen. In Frankreich ist das Recht auf Protest nicht nur in der Verfassung, sondern auch in der Mentalität und im Kollektivgedächtnis verankert. Noch einmal: Wir müssen Hass und Ausgrenzung nicht dulden. Aber er wird nicht verschwinden, wenn wir glauben, im Namen der politischen Korrektheit dürfe nicht mehr alles gesagt werden. Wir sollten vielmehr daran arbeiten, argumentativ zu überzeugen und andere mitzunehmen.

Freiheit vs. treue Gefolgschaft

Frankreich, die Vereinigten Staaten und alles, was dort an Revolutionen, Doktrinen und (Menschen-)Rechten entstand, war der von der Romantik geprägten deutschen Seele nicht nur fremd, sondern schien ihr nicht selten gar bedrohlich. Die Herrschaft des Terrors in Frankreich nach der Revolution und der Unabhängigkeitskrieg in Amerika ließen Erinnerungen an den Dreißigjährigen Krieg wach werden. Herrschaftstreue und Rückzug in die Innerlichkeit waren die deutschen Antworten auf Revolution und Aufklärung. Das war nicht unbedingt eine Abwendung von der Freiheit, eher die Suche nach einem eigenen Zugang zu ihr – jenseits von politischen Konzepten. Diese ewige Suche nach dem vermeintlich Eigenen und dem nicht minder vermeintlichen Eigentlichen führte die Deutschen oft in die Abschottung oder in den Größenwahn. Und genau hier trifft sich Faust mit dem Untertan. Der Größenwahn hat Deutschland mehrfach an den Rand der Zerstörung geführt und im Anschluss daran regelmäßig zu einem Rückzug in Demut und Verbitterung.

Die skeptische Haltung gegenüber dem neuen, westlichen Verständnis von Freiheit, Gleichheit und Demokratie ließ die Deutschen lange in einem landesfürstlichen Absolutismus verweilen. Die politische Wende und mit ihr die Säkularisierung und die Aufklärung als politische Idee kam erst mit Napoleon. Es gab im Wesentlichen zwei Reaktionen darauf: Teile des Bürgertums öffneten sich dem Liberalismus, andere wandten sich dem Nationalismus zu. Doch beide beugten sich Napoleon, genauso wie die Fürsten, die in ihm einen Königsmacher sahen.

Im 19. Jahrhundert war das Bürgertum ein wichtiger Taktgeber für die Wirtschaft, für Kunst und Kultur, für Bildung und Philosophie. Doch es war größtenteils apolitisch. Als die bürgerliche Mitte in Paris ihre politischen Ambitionen 1830 durch die Machtergreifung nach der Julirevolution krönte, schwappte der revolutionäre Geist zwar auch in einige deutsche Staaten, doch hier waren es vor allem Bauern und »kleine Leute«, die aufgrund der eigenen Lebensumstände gegen die bestehende Ordnung aufbegehrte. Das Militär setzte den lokalen Aufständen zumeist schnell ein Ende.

Auf das Bürgertum hingegen schien eher zuzutreffen, was der damalige preußische Innenminister Gustav von Rochow (1792–1847) so zusammenfasste: »Es ziemt dem Untertanen, seinem Könige und Landesherrn schuldigen Gehorsam zu leisten und sich bei Befolgung der an ihn ergehenden Befehle mit der Verantwortlichkeit zu beruhigen, welche die von Gott eingesetzte Obrigkeit dafür übernimmt; aber es ziemt ihm nicht, die Handlungen des Staatsoberhauptes an den Maßstab seiner beschränkten Einsicht anzulegen und sich in dünkelhaftem Übermute ein öffentliches Urteil über die Rechtmäßigkeit derselben anzumaßen.«[2]

Selbstverständlich gab es auch Protest gegen diese Haltung. Liberale wie Heinrich Heine oder Ludwig Börne begrüßten auch die revolutionären Gedanken, Heine wurde jedoch mit einem Publikationsverbot belegt, und wie Börne lebte er von 1830 an im französischen Exil. Andere, wie etwa Philip Jakob Siebenpfeiffer, Mitinitiator des Hambacher Fests (dazu später mehr) kamen hinter Gitter, Siebenpfeiffer floh 1833 in die Schweiz. Auf dem Hambacher Fest wurden glühende Reden gehalten, die einen demokratisch-freiheitlichen Nationalstaat und sogar eine europäische Einigung forderten. Doch daraus entstand keine bürgerliche Revolution, die die politischen Verhältnisse in Deutschland zu diesem Zeitpunkt hätte verändern können. Das lag daran, dass die Initiatoren zum einen zerstritten waren und keine klare Strategie hatten, zum anderen daran, dass die Mehrheit der Bürger offensichtlich mit den bestehenden Verhältnissen ganz gut zurechtkam.

Karl Marx und Friedrich Engels glaubten, es müsse vor der proletarischen erst eine bürgerliche Revolution geben, in der die feudalen Stände und die Monarchie entmachtet würden. Das Bürgertum schien eine wichtige revolutionäre Kraft; doch anstatt seine Kräfte für die Freiheit einzusetzen, habe es mit dem Kapitalismus »Kräfte freigesetzt, die es nicht mehr beherrschen konnte«, sagt der Schriftsteller und Marx-Biograf Jürgen Neffe in einem Interview mit mir. Das System des Kapitalismus habe die Bürgerlichen als Untertanen dieses Systems hervorgebracht.

Das Land der verspäteten Revolutionen

Im Jahr 1848 kam es erstmals in ganz Deutschland zur offenen Auflehnung gegen die Herrschenden. Arbeiter und Kleinbürger, Studenten und bürgerliche Akademiker gingen auf die Straße. In der Frankfurter Paulskirche trat die erste gesamtdeutsche Volksvertretung, ein »Professorenparlament«, zusammen. Es wollte aus Deutschland einen Verfassungsstaat und zugleich einen Nationalstaat machen – ein ehrgeiziges Doppelziel, mit dem die Deutsche Nationalversammlung im Frühjahr 1849 scheiterte. Die alten Gewalten wurden weder in Österreich noch in Preußen noch in den Mittelstaaten dauerhaft entmachtet. Österreich wollte nicht auf sein Vielvölkerreich verzichten und sich nicht aus Deutschland verdrängen lassen. Der preußische König Friedrich Wilhelm IV. wollte lieber ein König von Gottes Gnaden bleiben, als ein deutscher Kaiser von Gnaden des Paulskirchenparlaments und damit des deutschen Volkes werden. Ein Teil der gemäßigten Liberalen suchte seinen Frieden mit dem historischen Staat, ein Teil der radikalen Demokraten und Republikaner entschied sich für das Exil.

In seinem Buch ›Deutsche Geschichte 1800–1866, Bürgerwelt und starker Staat‹[3] erklärt Thomas Nipperdey, dass die ersten Grundlagen eines modernen Deutschlands in der Zeit der napoleonischen Herrschaft gelegt wurden. Die Reaktion der Deutschen hätte zwischen Anpassung und Widerstand variiert. Der Modernisierungszwang von außen habe den Modernisierungswillen von innen mobilisiert und ihm seine Schub- und Durchsetzungskraft verliehen. Aber die alten Kräfte waren immer noch da. Ebenso das funktionierende Militärwesen und der Sinn des Volkes für Legalität. Die demokratischen Grundsätze innerhalb der monarchischen Regierung wurden im Rahmen von Ordnung und Bürokratie verankert, nicht über eine Revolutionierung der Verhältnisse. Es waren also nicht die bürgerlichen Massen, die Reformen, Teilsäkularisierung und Modernisierung durchsetzten; sie delegierten diese Aufgabe an Herrscher und Beamte. Später würde Bismarck sagen: »Revolutionen machen in Preußen nur die Könige.«

Ähnlich sieht es Heinrich August Winkler: »Die Deutschen wollten Ende des 18. Jahrhunderts Fortschritt und Rechtstaatlichkeit, nicht aber unbedingt Demokratie. Sie wollten Selbstbestimmung, nicht aber Freiheit im Sinne der Gründungsväter Amerikas.« Winkler sieht die Gründe für das Fehlen einer bürgerlichen Revolution darin, dass das Bürgertum in Deutschland überwiegend auf Reformen durch den Staat, ja, auf eine »Revolution von oben« setzte.

In der Revolution von 1848/49 hätten die deutschen Liberalen konstitutionelle Freiheit und nationale Einheit angestrebt, sagt Winkler. »Das war ein ehrgeizigeres Ziel als das der französischen Revolutionäre von 1789, die ja einen – wenn auch vormodernen – Nationalstaat schon vorfanden. Eine Antwort auf das Scheitern der Revolution von 1848 war Bismarcks Revolution von oben in Gestalt der Reichsgründung von 1871. Sie brachte den Deutschen die Einheit im ›kleindeutschen‹ Rahmen, also ohne Österreich und dominiert von Preußen. Die Freiheitsforderungen von 1848 wurden im Kaiserreich nur unvollkommen verwirklicht. Die Deutschen erhielten zwar das allgemeine gleiche Reichstagswahlrecht für Männer, aber keine parlamentarisch verantwortliche Regierung. Die kam erst durch die Oktoberreformen von 1918 im Zeichen der militärischen Niederlage Deutschlands im Ersten Weltkrieg. Das war eine schwere Vorbelastung der ersten deutschen Demokratie, der Weimarer Republik, und einer der tieferen Gründe ihres Scheiterns.«

In der Spätphase der Weimarer Republik gerieten die demokratischen Parteien zunehmend unter Druck. Mit der Weltwirtschaftskrise von 1929 schrumpfte der Glaube an die Demokratie noch stärker zusammen. Große Teile der Mittelschichten gerieten seit 1930 in Panik und machten die Weimarer Demokratie für die wirtschaftliche und soziale Misere verantwortlich. Sie sehnten sich nach jemandem, der das Chaos beendete und wieder Ordnung ins politische und wirtschaftliche Leben brachte. Der Rest ist Geschichte. »Das Scheitern der Weimarer Republik zeigt, wie schwach der Rückhalt der westlichen Demokratie im deutschen Bürgertum war«, sagt Winkler im Interview.

Nirgendwo wurde der Begriff »Freiheit« so entstellt und missbraucht wie während der NS-Diktatur. Je mehr Hitler und seine Propagandisten von der »Freiheit des deutschen Volkes« sprachen, desto unfreier wurde die deutsche Bevölkerung. Auch im Dritten Reich waren die Bürger der Mitte Untertanen. Man kann sicher nicht behaupten, dass die bürgerlichen Kräfte von Anfang an geschlossen auf der Seite Hitlers gestanden hätten. Aber das Versagen des Bürgertums begünstigte seinen Aufstieg. Je mehr Macht er hatte, desto anpassungswilliger wurde das Bürgertum. Man arrangierte sich mit dem System, auch in dem Wissen, dass man in der Wirtschaft, an den Universitäten, im Kulturbetrieb, im Militär und in der Verwaltung kaum mehr eine Karriere ohne Parteibuch machen konnte. Es ging einmal mehr um Partizipation an einem bestehenden System.

Das Bürgertum in Ost und West nach dem Krieg

Auf den Trümmern des Dritten Reiches entstand in der Bundesrepublik ein Grundgesetz, das dem Staat klare Schranken setzt und den Bürgern Freiheiten garantiert. Freiheiten, die sich die Bürger selbst nicht erkämpft hatten, sondern die sie durch die politische Konstellation in der Welt nach dem Krieg gleichsam geschenkt bekamen. Doch so einfach ist diese Geschichte auch nicht, denn Freiheit kann keiner einem anderen schenken. Sie ist wie die Liebe, die man durch seine Sehnsucht danach erreicht und auslebt. Dass die Deutschen auf ihre Art immer eine Sehnsucht nach der Freiheit hatten, werde ich im nächsten Kapitel ausführlich darlegen. Doch die Verknüpfung der Freiheit mit dem alten Reichsmythos und dem Wunsch nach starker (staatlicher) Führerschaft machte diese Freiheit anfällig für Missbrauch.

Auch die Innerlichkeit und das Beharren auf dem deutschen Sonderweg standen der Freiheit oft im Wege. Nach dem Zweiten

Weltkrieg bestand diese Innerlichkeit zunächst aus Schweigen, dann aus Schuldbekenntnissen. In den neuen Bundesländern schlug die Innerlichkeit nach der Wiedervereinigung in Nostalgie und Lethargie um. Das Grundunbehagen gegenüber der offenen, freiheitlichen Gesellschaft ist dort in breiten Schichten verankert. Galt es doch als Ausdruck jener westlichen Kultur, als deren Antipode sich die DDR bei ihrer Staatsgründung legitimierte: das bessere und vor allem das antifaschistische Deutschland hatte man sein wollen.

Von Joachim Gauck will ich wissen, welche Rolle das Bürgertum zu DDR-Zeiten spielte. Er macht mich zunächst auf die unterschiedlichen, prägenden Entwicklungsstufen von Ost und West aufmerksam. »Für Westdeutschland begann nach dem Krieg eine neue Zeitrechnung. Danach war die Schule anders, die Wissenschaft, die Medien, das politische System. Es gab eine ganze Reihe an ermächtigenden Angeboten. Es gab zwar den Hang zu Paternalismus und Autorität, doch es gab auch die Progressiven, die Schritt für Schritt die politischen Räume erobert und die Gesellschaft modernisiert haben«, sagt er. In Ostdeutschland dagegen sei die alte Prägung insofern geblieben, als die Generationenkette von Menschen, die sich an die Ohnmacht gewöhnt hatten, nicht unterbrochen wurde. »Dort war es normal geblieben, ein Untertan zu sein. Es war normal, eine Führung zu haben, und es war normal, ihr zu folgen. Nicht normal war es dagegen, eigenständig und eigenverantwortlich zu leben und politisch zu handeln.« Jahrhundertlang gewachsene wirtschaftliche Strukturen – der freie Bauernstand, das freie Unternehmertum, auch freie Gewerkschaften, Vereine und Medien – seien durch das kommunistische System zerstört worden. »Damit wurde ein weiteres Trainingsfeld für eigenverantwortliches Handeln und für Selbstvertrauen im Osten eliminiert«, sagt Gauck. »Leg dich nicht mit denen da oben an, oder: Reden ist Silber, Schweigen ist Gold! Solche Sprüche lebten in der DDR weiter und hatten eine politische Ratio.«

Trotzdem war das Bürgertum an den Montagsdemonstrationen in Leipzig und anderen Städten in großer Zahl beteiligt. Auch
weil der Wille zu Veränderung durch alle Schichten ging, gelang
diese erste friedliche Revolution des Landes. Aber nach der
Wende sei es schwierig für das Bürgertum gewesen, sich im Osten
als Kraft zu rehabilitieren. Die schnelle Umstellung auf die Markt-
wirtschaft und das neue politische System habe zu Verunsicherung geführt, meint Gauck. (N)ostalgie einerseits und Verbitterung andererseits kämen nun sowohl den Linken als auch den
Rechten zugute. Gauck erzählt mir von einer alten Freundin, die
in DDR-Zeiten zum oppositionellen Lager gehörte. Bei einem
Treffen nach der Wende fragte er sie, wen sie nun wählen würde.
Sie antwortete: »Die PDS.« Gauck war verwundert: »Gegen diese
Leute warst du doch immer. Was ist jetzt passiert?« Sie antwortete: »Ich fühlte mich heimatlos.«

»Wir sind das Volk«, jener Ruf, der bei den Montagsdemonstrationen erklang, wurde inzwischen von rechten Populisten
gekapert, die auch von einer »Wende 2.0.« sprechen und davon,
sich die »Freiheit zurückzuholen«. Der Historiker Ilko-Sascha
Kowalczuk, Projektleiter in der Abteilung Bildung und Forschung beim Bundesbeauftragten für die Unterlagen des Staats-
sicherheitsdienstes der ehemaligen DDR sagte gegenüber der
ARD: »Die grundlegenden Menschenrechte waren in der DDR
keine Realität, die Revolution von 1989 hat sie zu dieser werden
lassen. In der Bundesrepublik werden sie garantiert, deshalb
kann übrigens unter anderem auch die AfD politisch agieren.«
Zielstrebig benutze die Partei symbolische Begriffe der Revolution von 1989, »um genau das zu untergraben beziehungsweise
perspektivisch abbauen beziehungsweise vernichten zu wollen,
wofür die Revolution von 1989 und die Bürgerrechtler von 1989
stehen und angetreten waren: Die Errichtung einer offenen
Gesellschaft.«[4]

Die Rechten erobern die Herzen vieler im Osten, weil sie versprechen, das Land von »denen da oben« zurückzuholen. Es scheint, als führe die offene Gesellschaft und der Wandel einmal mehr zu einer Suche nach dem Eigenen im Vergangenen, in einem »Urzustand«, als die Gesellschaft noch eine von Gleichen war, auch wenn das eher eine Gleichschaltung von oben war, die nichts Fremdes tolerierte. Auch wenn die Mehrheit der Ostdeutschen nach wie vor Parteien der Mitte wählt und den verkürzenden Parolen von AfD, Pegida und der Neuen Rechten skeptisch bis ablehnend gegenübersteht, zeigt sich, dass das Ohnmachtsgefühl auch in der Demokratie geblieben ist.

Im alten bundesrepublikanischen Westen Deutschlands sind Kernbestände der alten Untertanen-Mentalitäten ebenfalls noch vorhanden. Große Teile der bürgerlichen Mitte haben sich in ihrer Komfortzone eingerichtet, statt den Wandel politisch und gesellschaftlich voranzutreiben. Immer noch herrscht bei vielen Menschen die Furcht vor der Freiheit, wie Erich Fromm damals schrieb, weil sie Furcht vor der Letztverantwortung haben. Gleichwohl darf man nicht außer Acht lassen, dass genau diese Mittelschicht Deutschland nach dem Krieg nicht nur aufgebaut hat, sondern das Land auch zu einer führenden Industrienation machte. Dabei waren die alten deutschen Tugenden wie Disziplin, Fleiß, Gründlichkeit und Beharrungsvermögen entscheidend. Eine florierende Wirtschaft hat die neue Verfassung und die neue Freiheit immer geschützt. Aber hier kommt das nächste Problem. Die Koppelung von Freiheit und florierender Wirtschaft war anfangs eine große Hilfe für die Demokratie, es galt die Maxime, »Volkssouveränität hängt von einer prosperierenden Volkswirtschaft ab«. Dass die Freiheit an sich keinen hohen Wert hat, kein Alleinstellungsmerkmal ist, ist eine der Schwächen unserer noch jungen Demokratie. Heute sind viele Bürger zwar keine Untertanen der herrschenden Eliten mehr, wohl aber Untertanen der Wirtschaft. Viele halten den Schutz der wirtschaftlichen Privilegien, die sie genießen, für elementarer als den Schutz der Freiheit.

Andere sind Untertanen der Angst, weil sie fürchten, wirtschaftlich abzustürzen. Was bedeutet das aber für die Freiheit, wenn die Wirtschaft wirklich ins Wanken gerät?

Die vielen Gesichter des Untertanengeistes

Freiheit meint viel mehr als freie Berufswahl, Zugang zum Konsum oder freie Sexualität. Zwar wird der Begriff »Freiheit« von allen benutzt, um das eigene Handeln zu legitimieren oder andere als Feinde der Freiheit abzustempeln. Doch gering ist die Zahl derjenigen, die tatsächlich die Freiheit in ihrem großen Ganzen meinen, nicht nur ihre individuelle. Gering ist auch die Zahl derer, die wirklich bereit sind, diese Freiheit zu verteidigen. Sie lassen zu, dass viele Formen der Abhängigkeit und der Unfreiheit wachsen, die sich manchmal heimtückisch als Freiheit verkleiden. An den Rändern wird stark ideologisiert und mobilisiert, in der Mitte wird stark entpolitisiert und moralisiert, sodass man letztlich doch von einer Untertanenrepublik sprechen kann. Und zwar in der Hinsicht, dass sich weite Teile des Landes zu Untertanen bestimmter Denkmuster machen, die Freiheit und einen offenen Diskurs verhindern. Diese Untertanen finden sich in allen politischen Richtungen und auf allen Ebenen der Gesellschaft. Einige stelle ich im Folgenden kurz vor.

Rechte wie Linke bilden politische Sippen, die einer Platonischen Höhle ähneln, in der man nur seinen Schatten sieht und sein eignes Echo hört. Damit werden sie zu **Ideologie-Untertanen**. Ich habe im politischen wie im medialen Diskurs nie erlebt, dass eine Seite zugegeben hätte, dass sie falschlag oder die andere Seite recht hätte. Viele Debatten und das Abstimmungsverhalten im Bundestag und in den Landesparlamenten werden nicht immer im Interesse des Gemeinwesens abgewickelt, sondern nach parteipolitischen Aspekten. Die Fraktionschefs sind die Leithammel, die ihre Schafe führen.

Die Linken, die sich immer freiheitlich und antiautoritär geben, verbünden sich mit konservativen, autoritätstreuen Migranten, um gemeinsam gegen rechts zu kämpfen. Die Rechten geben sich gerne als die einzig rebellische und antiautoritäre Kraft im Land, doch sie wollen den Ordnungsbürger des 19. Jahrhunderts wieder heranzüchten, der die Untertanen-Mentalität wie kein anderer verinnerlicht hat. Dazu passt das Hegen von Sympathien für autoritäre Herrscher wie Wladimir Putin.

Zu den **religiösen Untertanen** gehören Kirchenfunktionäre, Islamisten, die die Macht der Religion stärken, und Säkulare, die die Macht der Religion in Bildung, Wirtschaft und in den Medien nicht kritisch hinterfragen. Außerdem Menschen, die in Freiheit geboren sind, dennoch alten Mythen nachhängen, die der Freiheit im Wege stehen. Und Migranten, die aus unfreien Ländern stammen und hier die Freiheit nicht nutzen, um sich von den alten Denkstrukturen zu befreien, sondern um genau diese in Deutschland wieder politikfähig zu machen.

Wir haben im Land auch **akademische Untertanen**, die durch eine zu Tode differenzierende Sprache die Probleme des Landes nicht mehr deutlich benennen können. Mehr als 80 Prozent der wissenschaftlichen Mitarbeiter an deutschen Universitäten haben befristete Verträge und sind somit vom vorgesetzten Professor abhängig. Viele von ihnen wagen es kaum, die ideologische sowie die methodische Linie des Professors zu verlassen, aus Furcht, ihren Job zu verlieren. Das verengt den Raum für Kreativität und beschränkt die Freiheit der Forschung enorm.

Für die hohe Zahl an **Moral-Untertanen** sind auch Medien und Politik verantwortlich, die eine offene Debatte durch Moralisieren hemmen, aber auch Bürger, die durch die schnell niedersausende Moral-Keule glauben, ihre Meinung nicht sagen zu können. Debatten werden oft bewusst vom Spielfeld der Argumente zum Spielfeld der Emotionen verlagert. Wo Emotionen regieren, ist eine sachliche Auseinandersetzung nicht möglich. Und wenn Meinungen moralisch vorkategorisiert werden, macht man Gegenargumente ungültig.

Schuld-Untertanen nehmen das dunkelste Kapitel der deutschen Geschichte als Argument, warum gewisse Probleme nicht thematisiert werden dürfen. Die einen nutzen die Schuld, um längst überfällige Debatten zum Erliegen zu bringen. Die anderen fliehen vor diesen Debatten in einen Multikulti-Traum, in dem das Fremde verklärt und das Eigene verflucht wird. Und wieder andere fliehen von der Schuld in die Arme rechter Parteien, die ihnen versprechen, eine alte Utopie wiederherzustellen, die es eigentlich so nie gab.

Opfer-Untertanen sind Funktionäre und Intellektuelle mit Migrationshintergrund, die den Schuldkomplex der Deutschen schamlos ausnutzen, um ihre religiösen und politischen Ziele zu erreichen. Erst das Schuldbewusstsein der Deutschen ermöglicht diese Anspruchsmentalität und die damit verbundenen moralischen Keulen. Diese Haltung hilft dem Großteil der Migranten in keiner Weise. Eher profitieren Islamisten und türkische Nationalisten, die im Schatten der Schuld ihre Infrastruktur aufbauen und ihre Positionen unter Migranten festigen. Wobei man anmerken sollte, dass diese Form der Opfer-Mentalität nicht nur bei Menschen mit Migrationshintergrund vorhanden ist. Den Wettstreit, wer das größte Opfer ist, gibt es auch zwischen der Linken und der Rechten.

Die **Wohlstandsuntertanen** sind entweder apolitisch oder schweigen aus Angst vor beruflichen oder wirtschaftlichen Nachteilen. Zu ihnen gehören auch junge Menschen und Studenten, die sich als freie Weltbürger sehen, für offene Grenzen sind, doch zu bequem sind, die Freiheit, die sie als selbstverständlich erachten, gegen ihre Feinde zu verteidigen.

All diese so unterschiedlichen Untertanen haben eines gemeinsam: Sie missverstehen Freiheit als Wahrung der eigenen Interessen. Doch die Freiheit ist viel mehr als der Kampf gegen eine Front, die aus der subjektiven Sicht die eigene Freiheit gefährdet. Die wirkliche Freiheit ist nur jene, die für das Wohl aller da ist, nicht nur für die eigene Interessengruppe. Das Grundgesetz garantiert den Bürgern die Freiheit, doch es garantiert nicht, dass der Bürger die Freiheit schätzt und sie verteidigt. Es räumt der Bevölkerung das Recht ein, wählen zu gehen und das politische Leben mitzugestalten, doch es garantiert nicht, dass der Bürger ein demokratisches Bewusstsein hat.

Der Glaube an die Freiheit ist die beste Stütze für die Demokratie und das Grundgesetz. Und genau dieser Glaube scheint gerade vielen in Deutschland zu fehlen. Nach dem Krieg zersplitterte das Bürgertum in mehrere Gruppen. Die eine unterstützte die Öffnung für die Demokratie aktiv oder stillschweigend, weil sie daran glaubte oder darin Vorteile sah. Die andere lehnte diese Öffnung ab, tat aber nichts, um diese Ablehnung politisch umzusetzen. Die 68er-Bewegung entstammt, zumindest soziologisch, dem Bürgertum, richtete sich aber gegen die konservative Moral und das Schweigen dieser Bourgeoisie. Nun versucht die AfD die Rolle der 68er im heutigen Diskurs als revolutionäre Kraft im Land zu übernehmen und gibt gleichzeitig denjenigen, die damals zu den Verbrechen der Nazis schweigen wollten, wieder eine Stimme.

Meinungsfreiheit muss man auch wahrnehmen wollen

Nach fast jedem meiner Vorträge kommen Menschen zu mir und sagen, ich würde ihnen aus der Seele sprechen, aber sie könnten so etwas selbst nicht öffentlich sagen, sonst würde ihnen vorgeworfen, sie seien Rassisten. Von mir bekommen diese Bürger dann keine beschwichtigenden Worte, sondern vielmehr den Vorwurf zu hören, sie seien nicht mutig genug. Denn wenn immer mehr Menschen ihre Meinung aus Angst zurückhalten, schafft sich die Demokratie selbst ab. Die Demokratie lebt vom Diskurs, und je mehr Menschen sich daran beteiligen, desto lebendiger wird auch unsere Demokratie. Wenn dieser Diskurs faktisch oder gefühlt immer enger wird, darf die Mitte der Gesellschaft das nicht hinnehmen und ihn durch ihr Schweigen nur noch enger machen. Es sind nicht die Politik oder die Medien allein, die dafür verantwortlich gemacht werden dürfen, wir alle müssen unseren Teil dazu beitragen, dass das hohe Gut der Meinungsfreiheit nicht beschnitten wird. Gleichwohl sind die Vertreter der Medien, der Parteien und anderer Institutionen in einer Position, in der sie einen weitreichenderen Gestaltungsrahmen haben. Doch was mich immer wieder überrascht und beinahe erzürnt ist, dass mir selbst Universitätsprofessoren, wissenschaftliche Mitarbeiter, Journalisten und sogar Politiker aus den Parteien der Mitte oft sagen, sie fänden etwa meine Thesen zum Thema Islam und Integration gut, im gleichen Atemzug aber erwähnen, dass sie dies nicht öffentlich sagen könnten. Was sagt das aus über den Zustand unserer Demokratie, wenn selbst Menschen, die die Räume für eine kontroverse Debatte sichern sollten, sich außer Stande fühlen, ihre Meinung zu sagen?

Bei zwei Veranstaltungen wurde mir das klarer denn je: 2019 war ich im Rahmen einer Diskussion zum Thema »Religion und Demokratie« zum ersten Mal im Schloss Bellevue eingeladen. Dort hatte sich die Crème de la Crème des deutschen Bürgertums versammelt. Der Bundespräsident hielt einen Vortrag, in dem er seine Glückwünsche an das Mullah-Regime im Iran anlässlich des Jahrestages der Islamischen Revolution rechtfertigte – und erntete vom Publikum tobenden Applaus. In meiner Wortmeldung kritisierte ich das Vorgehen des Präsidenten mit diesen Worten: »Sie haben im Namen aller Deutschen dem iranischen Regime gratuliert, doch das dürfen Sie nicht tun. Als deutscher Staatsbürger sage ich Ihnen: Nicht in meinem Namen! Sie senden die falschen Signale sowohl an das Regime im Iran als auch an die demokratische Opposition im Land und im Exil, an die zehntausenden Opfer dieses Regimes und ihre Angehörigen. Und an die deutsche Bevölkerung obendrein. Ans Regime schickten Sie das Signal ›weiter so‹, an die Opposition: ›Ihre Mühen interessieren mich nicht‹ und an die deutsche Bevölkerung: ›Wir nehmen unsere eigenen Werte nicht wirklich ernst‹. Deshalb wiederhole ich: Nicht in meinem Namen!«

Es wurde extrem still im Schloss Bellevue, als hätte ich den Präsidenten beleidigt. Nur der schüchterne und kurze Applaus eines Journalisten afghanischer Abstammung unterbrach die Stille. Das kam für mich nicht wirklich überraschend, die meisten Gäste waren bestimmt dankbar dafür, dass sie eine Einladung des Präsidenten bekommen hatten und wollten vermutlich erneut eingeladen werden. Das Erstaunliche war, dass viele dieser feinen, mündigen Bürger nach der Veranstaltung zu mir kamen und sagten, wie toll und mutig sie meine Wortmeldung gefunden hätten. Das sagten sie nicht laut, sondern hinter vorgehaltener Hand, einige schauten sich dabei sogar immer wieder um, als wollten sie sichergehen, dass keiner hörte, was sie sagten. Ich fühlte mich zurückversetzt ins 19. Jahrhundert, als die Bürgerlichen alles hatten außer dem Mut, in der Anwesenheit der Herrschenden ihre Meinung zu sagen. Ihre gute Bildung und ihr Wohlstand hat sie nicht daran gehindert, sich vor den Fürsten ehrfürchtig zu bücken.

Genauso erstaunt war ich, als ich am nächsten Tag in der *Bild*-Zeitung die Überschrift las: »Eklat im Schloss Bellevue. Abdel-Samad attackiert Steinmeier!« Denn weder war es ein Eklat, noch habe ich den Präsidenten attackiert. Ich habe schlicht von meinem Recht auf eine demokratische Streitkultur Gebrauch gemacht. Ich bin kein Untertan des Präsidenten. Er wurde von der

Volksversammlung gewählt, um mich und alle anderen Bürger zu repräsentieren. Es ist meine Pflicht als Bürger und mein Recht als Schriftsteller, ihm meine Meinung ehrlich und offen zu sagen.

Ähnlich erging es mir vergangenes Jahr beim politischen Aschermittwoch in Passau. Ich war von der Jungen Union eingeladen worden, am Rande des Events einen Vortrag zum Thema Integration zu halten. Ich bekam für meine kritischen Thesen zu Migration und Integration viel Applaus vom Publikum, das hauptsächlich aus CDU/CSU-Politikern und Wählern der Schwesterparteien bestand. Auch, als ich sagte, »Demokratie bedeutet, Streit auszuhalten und damit auch verschiedene Meinungen zuzulassen«, tobte der Saal. Doch als ich genau diesen Satz in die Tat umsetzte, wurde es plötzlich still. Ich hatte Kritik am bayerischen Ministerpräsidenten Markus Söder geübt, indem ich sagte: »Wenn man von Migranten erwartet, dass sie ihre Religion zuhause lassen, kann man nicht Kreuze in Behörden und Schulen aufhängen.« Auf betretene Stille folgte ablehnendes Murren und Stöhnen. Nach dem Vortrag jedoch kamen einige jüngere Parteimitglieder zu mir und sagten hinter vorgehaltener Hand, sie sähen das genauso.

Warum hinter vorgehaltener Hand? Wer soll denn die Strukturen einer Partei modernisieren und die demokratische Streitkultur ausüben, wenn nicht Politiker und Parteimitglieder? An diesem Tag wurde mir klar, dass Meinungsfreiheit immer wieder verlangt wird, aber nur die wenigsten davon wirklich Gebrauch machen, wenn es um eine abweichende oder unbequeme Meinung geht.

»Wir können alles außer Politik«, hatte die Schriftstellerin Thea Dorn in unserem Gespräch gesagt, in Anlehnung an den baden-württembergischen Slogan »Wir können alles außer Hochdeutsch«. Dieser Satz beschreibt den Zustand der bürgerlichen Mitte genau. »Der an Weimar orientierte Bildungsbürger hat sich mit dem preußischen Ordnungsbürger gepaart. Sich politisch zu

engagieren, also den Citoyen in sich zu entdecken, spielt für das
bürgerliche Selbstverständnis hingegen kaum eine Rolle«, so
Dorn.

Über das Versagen der Mitte spreche ich auch mit dem Schriftsteller Jürgen Neffe. Er sieht das Bürgertum in zwei Gruppen
gespalten: in eine übersättigte und eine ängstliche. Die Wohlhabenden würden ihre Zugehörigkeit zum Bürgertum dadurch
ausdrücken, dass sie ihre Kinder in migrantenfreie Eliteschulen
schickten, opulente Konfirmations- und Abiturfeiern für sie organisierten, sich teure Profiküchen und dicke SUVs leisteten, Yoga-
und Esoterikkurse besuchten oder exklusive Reisen in ferne,
schöne Länder unternähmen. Die weniger Wohlhabenden dagegen würde die Angst vor dem wirtschaftlichen Absturz, die Globalisierung oder die Überfremdung des Landes durch Migration
einen. Für Neffe gilt folgende Rechnung: Die Gleichgültigkeit der
Mitte plus das Schrumpfen der Mittelschicht plus German Angst
macht den Aufstieg der AfD aus.

Sicherlich gibt es diese beiden Gruppen innerhalb des Bürgertums, doch es gab und gibt immer noch andere Teile der Zivilgesellschaft, die für Selbstverantwortung und Innovation stehen.
Teile, die sich ehrenamtlich engagieren und für die Werte Toleranz und Freiheit eintreten. Im nächsten Kapitel will ich mich mit
den Sternstunden des Bürgertums beschäftigen, mit ihrem rebellischen und gestaltenden Herzen.

Vom Hambacher Fest zum Hambacher Forst: Das rebellische und freiheitliche Herz des Bürgertums

Immer wenn ich eine Lesung in einer deutschen Stadt abhalte, informiere ich mich vorher ein bisschen über die Geschichte und über die Ereignisse, die diese Stadt geprägt haben. Wenn meine Zeit es erlaubt und die Personenschützer, die mich begleiten, keine Sicherheitsbedenken haben, besuche ich gelegentlich historische Orte und Gebäude oder gehe in der Natur spazieren, um das, was ich gelesen habe, zu visualisieren. Man kann schon anhand einiger Orte und Gebäude und daran, was in ihnen und um sie herum geschah, erkennen, was das deutsche Bürgertum besonders stark macht. Es sind eher Orte der stillen Rebellion, Orte der Visionen und Reflexionen.

Es gibt in Deutschland viele solcher symbolträchtigen Orte, einige von ihnen will ich in diesem Kapitel vorstellen. Sie zeigen, wie die bürgerliche Tugend der Selbstverantwortung Deutschland zu dem machte, was es heute ist. Sie zeigen auch, dass Demokratie nicht erst durch moderne Verfassungen und Parlamente entsteht, sondern durch Kommunikation und eine gelungene Organisation der Bürger in einer Kommune. Die Deutschen haben im Laufe der Geschichte immer wieder unter Beweis gestellt, dass sie sowohl im Kollektiv als auch individuell große Anstrengungen an den Tag legen konnten, nicht nur um die Folgen einer Katastrophe zu beseitigen, sondern um etwas Neues zu schaffen. Gerade dann, wenn man sie schon abgeschrieben hatte, packten sie an und brachten die Welt zum Staunen.

Die Prophetin von Mainz

Hildegard von Bingen ist für mich eine der wichtigsten Gründungsfiguren der deutschen Identität. Vielleicht taugt sie nicht als Vertreterin des deutschen Bürgertums, stammte sie doch aus dem Adelsstand. Außerdem lebte sie als Nonne im 12. Jahrhundert, bevor sich die Tradition des Bürgertums in den deutschen Gebieten etablieren konnte. Doch sie verkörpert für mich jene Eigenschaften, Werte und Gedanken, die für die Entwicklung Deutschlands prägend waren: Bei ihr war der Hang zu Mystik, die Liebe zu Musik und Literatur lange vor der Romantik sehr deutlich zu spüren. Weit vor Beginn der Neuzeit hat sie sich in die Medizin- und Naturforschung vertieft. Sie hat sich lange vor Luther mit den Geistlichen angelegt, stritt mit ihnen über das Fegefeuer, über die Interpretation der Bibel und gründete zwei Klöster für Frauen. Sie erschütterte das Heilige Römische Reich so sehr mit ihren Visionen und Gedichten, dass eine päpstliche Kommission über ihr Schicksal entscheiden musste.

Das Kloster Rupertsberg am Rhein vermittelt nur eine Ahnung von dieser Frau, die den rebellischen Geist Deutschlands wie kaum jemand sonst verkörpert. Hildegard von Bingen steht für Mut, Kreativität und die Ablehnung von Angst und Selbstkasteiung. Ihr Glaube an die Naturkraft und die Energie von Pflanzen, und ihre Anklage, der Mensch greife zerstörerisch in die Natur ein, machen aus ihr die erste Umweltaktivistin der Welt. Man kann sogar behaupten, sie sei der erste deutsche Hippie oder die erste Feministin gewesen. So gibt es Spekulationen, sie habe narkotisierende Pflanzen zur Bewusstseinserweiterung benutzt. Gesichert ist, dass sie – eine Frau, und noch dazu eine Nonne – die erste schriftliche Darstellung zum weiblichen Orgasmus verfasste, in der sie Sexualität in Zusammenhang mit Liebe brachte, was der damaligen Sicht der katholischen Kirche zutiefst widersprach, die Sexualität lediglich als Mittel der Fortpflanzung sah.

Durch die Beschäftigung mit der Geschichte der Hildegard von Bingen kann man sehr viel über die deutsche Seele erfahren, über ihre Gedanken und ihre Konflikte mit der Welt ihrer Zeit. Eine ihrer Sichtweisen aber steht für ein Problem, das die deutsche Geschichte in gewisser Weise bis heute durchzieht. Hildegard von Bingen glaubte nicht an soziale Mobilität und Aufstieg durch Anstrengung. Jeder Mensch sollte in der Schicht bleiben, in die Gott ihn eingeordnet hatte, kein Bauer sollte sich über den Adelsstand erheben dürfen. Eine Idee, die zwar heute theoretisch und gesetzlich überwunden wurde, die in der Praxis jedoch immer noch allgegenwärtig ist, wenn man die Bildungsleistungen der unterschiedlichen Schichten und die Chancen der Benachteiligten auf sozialen Aufstieg betrachtet. Doch für ihre Zeit und darüber hinaus waren ihre Denkanstöße, ihre Texte und ihr Verhalten ebenso revolutionär wie visionär. Auch wenn sie selbst keine Kinder hatte, hat sie heute viele Enkelkinder, die in ihrem Sinne bestehende Zustände hinterfragen und etwas dagegen tun – sowohl innerhalb der Kirche als auch in der Frauen- und Umweltbewegung.

Die Rebellen von Bamberg

Das Alte Rathaus von Bamberg steht mitten in der Regnitz. Der Sage nach wollten die Bürger der Stadt im 14. Jahrhundert ein Rathaus bauen, um sich dort versammeln und ihre zivilen Angelegenheiten ohne Intervention der Kirche zu regeln. Doch der Bischof von Bamberg wollte den Bürgern für den Bau nichts von seinem Grund und Boden abgeben. Daraufhin schlugen die Bürger Pfähle in die Regnitz und schufen so eine künstliche Insel, auf der sie ihr Rathaus errichten konnten. Mit seiner Lage mitten im Fluss stand es genau auf der alten Herrschaftsgrenze zwischen dem bischöflichen Domberg und seinen umliegenden Vierteln sowie der bürgerlichen Inselstadt, die vom rechten und linken Arm der Regnitz umgeben ist.

Diese Dualität von geistlicher und weltlicher Macht drückte sich nicht nur in den Auseinandersetzungen zwischen Papst und Kaiser aus, sondern spielte auch in der Gestaltung von Kommunen eine wichtige Rolle. Das Rathaus, wo sich die Bürger in vordemokratischen Zeiten in Demokratie übten, befand sich meist in der Nähe der Kirche oder des Doms. Als ich das Rathaus von Bamberg zum ersten Mal besuchte, war es für mich Sinnbild des Beharrungsvermögens und der Eigenverantwortlichkeit der Deutschen. Lange vor der Säkularisierung gab es Ansätze einer Zivilgesellschaft, die nicht auf Befehle von oben wartete, sondern das Heft selbst in die Hand nahm und die Angelegenheiten der Gemeinschaft regelte. Diese Selbstbestimmung und Eigenverantwortung der Bürger waren und sind immer noch das Fundament, auf dem die Demokratie fußt.

Im 15. Jahrhundert rebellierten die Bamberger Bürger gegen den Fürstbischof auf dem Domberg, der mit immer neuen Abgaben auch seine leeren Kassen füllen wollte, sich an den Kosten für den Bau der neuen Stadtmauer aber nicht beteiligen wollte. Die streitbaren Bürger erreichten immerhin einen Vergleich, den der Kaiser 1437 bestätigte. Während der Märzrevolution 1848/49 galt die Stadt als demokratische Hochburg; die Bürger legten sogar einen Grundrechtekatalog mit 14 Artikeln vor, in dem unter anderem eine gerechte Besteuerung, Presse- und Meinungsfreiheit, Religionsfreiheit und Bürgerrechte gefordert wurden. Diese Rechte gingen – neben vielen anderen – im August 1919 in die erste demokratische bayerische Verfassung ein. Sie trug den Namen »Bamberger Verfassung«.

Die Revolution des Mönchs

In der einstigen Freien Stadt Worms, in der die Bürger dem Kaiser weder Gefolgschaft noch Abgaben schuldeten und wo bereits im 12. Jahrhundert ein Stadtrat die Bürgerschaft vertrat, suche ich vergeblich nach jenem Ort, an dem Martin Luther im Jahre 1521 seine epochale Rede vor Kaiser Karl V., den Reichsfürsten und päpstlichen Gesandten hielt und es dabei ablehnte, seine Thesen zu widerrufen. Die Zerstörung der Stadt im Jahr 1689 durch die Truppen Ludwig des XIV. und ein Brand, entfacht von französischen Revolutionstruppen 1794 haben den Bischofshof dem Erdboden gleichgemacht. Heute erinnert ein Denkmal an die Stelle, wo Luther sein Plädoyer hielt: zwei große Schuhe aus Bronze.

Die Rede von Martin Luther auf dem Wormser Reichstag ist eine Zäsur. Hier lehnte sich nicht nur ein normaler Mönch gegen die größten Autoritäten seiner Zeit auf, sondern er führte neben der Heiligen Schrift und der Vernunft auch sein persönliches Gewissen als Argument an, warum er von seinen Thesen nicht abzurücken gedachte. Auf die Frage, ob er widerrufen wolle, antwortete Luther: »Wenn ich nicht durch Zeugnisse der Schrift und klare Vernunftgründe überzeugt werde; denn weder dem Papst noch den Konzilien allein glaube ich, da es feststeht, dass sie öfter geirrt und sich selbst widersprochen haben, so bin ich durch die Stellen der Heiligen Schrift, die ich angeführt habe, überwunden in meinem Gewissen und gefangen in dem Worte Gottes. Daher kann und will ich nichts widerrufen, weil wider das Gewissen etwas zu tun weder sicher noch heilsam ist. Gott helfe mir, Amen!«

Auch wenn man einiges an Luther kritisieren kann – sein rabenschwarzes Menschenbild etwa oder seine unversöhnliche Haltung gegenüber dem Humanismus –, muss man anerkennen, dass seine Rede in Worms nicht nur eine theologische, sondern auch eine politische und eine intellektuelle Revolution war. Die Entdeckung des privaten Glaubens jenseits der religiösen Autorität und die Aufwertung des persönlichen Gewissens als Kategorie des Handelns war ein wichtiger Schritt Richtung Individualismus und Humanismus. Luthers Worte ebneten den Weg auch für die Aufklärung, die den Menschen und seine Freiheit in den Mittelpunkt stellt.

»Hinauf, hinauf zum Schloss!«

Im Jahr 1832 bestimmten Könige und Fürsten in Deutschland darüber, was gesagt und was nicht gesagt werden konnte. Die Pfalz war fast zwanzig Jahre Teil der französischen Republik gewesen. Während dieser Zeit übten sich die Menschen in Freiheit und in republikanischem Denken. Die Bürger besaßen das Recht auf Freiheit der Person und des Eigentums, die Gerichte waren unabhängig, so, wie es im Code Napoléon festgelegt war. Viele Zeitungen, Vereine und Burschenschaften wurden gegründet und es gehörte zum Bürgerlich-Sein, seine politische Meinung kundzutun. Nach dem Ende der napoleonischen Herrschaft ging die Pfalz an das Königreich Bayern, das sehr viel rückschrittlicher war. Die Folge waren Einschnitte bei den Freiheitsrechten, Zensur und die Unterdrückung von Meinungen. Zeitungen wurden verboten, die Versammlungsfreiheit wurde eingeschränkt und nicht nur Kritiker der Machthaber wurden verhaftet, sondern auch diejenigen, die liberale Überzeugungen hatten und sich für die deutsche Einigung aussprachen. Doch die Bürger, die den Geschmack der Freiheit gekostet hatten, wollten sich mit der neuerlichen Unfreiheit nicht mehr anfreunden. Publizisten gründeten den »Deutschen Press- und Vaterlandsverein« und zum 27. März 1832 wurde am Hambacher Schloss zu einer politischen Veranstaltung geladen, die sich als Volksfest tarnte. An die 30 000 Menschen aus den deutschen Gebieten, aber auch aus Frankreich und Polen gingen den steilen Weg zum Schloss hinauf. Bürger und Burschenschaftler trugen Schärpen und Flaggen in Schwarz-Rot-Gold mit der Aufschrift »Deutschlands Wiedergeburt« und forderten Einigkeit und Recht und Freiheit. Es wurden Reden gehalten, die für ein freies geeintes Deutschland, für Volkssouveränität und sogar für ein vereintes Europa und die Gleichberechtigung zwischen den Geschlechtern plädierten. Es war die erste Demokratiebewegung Deutschlands, auch wenn die Impulse dazu aus Frankreich kamen, wo das Bürgertum zwei Jahre zuvor eine zweite Revolution gewagt und die Macht im Lande erobert hatte. Auch wenn das Fest letztlich nicht in eine erfolgreiche bürgerliche Revolution mündete, so blieben doch viele Forderungen dieser Bewegung in Deutschland lebendig und tauchten später immer wieder auf: in der Revolution von 1848, bei der Gründung der Weimarer Republik sowie später im Grundgesetz. Was nach dem Zweiten Weltkrieg mit einem neuen politischen System installiert wurde, war das, was Männer und Frauen, Bürgerliche und Tagelöhner, Christen und Juden vor dem Hambacher Schloss gefordert hatten.

Das Hambacher Fest ist ein wichtiger Beleg dafür, dass Freiheit und Demokratie lange in den Sehnsüchten vieler Deutsche verankert gewesen war, für einen politischen Umschwung aber lange die richtigen Rahmenbedingungen gefehlt hatten. Es zeigt, dass auch Teile des Bürgertums bereit waren, sich trotz drohender Schikanen und einer Gefährdung ihrer Existenz für die Freiheit einzusetzen. Viele der Mitinitiatoren und Besucher des Hambacher Festes wurden verhaftet und wegen versuchten Umsturzes vor Gericht gestellt, andere flohen ins Exil. Zahlreiche Professoren der 1832 neu gegründeten Universität Zürich, stammten aus Deutschland. Dort haben sie den liberalen Geist, den sie in ihrer Heimat nicht ausleben konnten, nicht nur am Leben erhalten, sondern auch weitergegeben.

Als ich den steilen Weg nach oben geschafft hatte, und den schönen Ausblick von dort aus genoss, fragte ich mich, warum das Hambacher Fest nicht als Demokratiefest für alle Deutschen wiederbelebt wird. Es könnte jedes Jahr zwischen dem 27. Mai und dem 1. Juni stattfinden, Redner aus Deutschland und Europa, aus Politik, Kunst und Zivilgesellschaft könnten dort auftreten und die Demokratie feiern. Vor allem aber sollte es von keiner politischen Richtung vereinnahmt werden, wie es im Jahr 2018 vonseiten der AfD geschah. Redner bei der Neuauflage des Festes mit einem »Marsch der Patrioten« missbrauchten dieses Symbol der deutschen Demokratiebewegung für ihre Zwecke. AfD-Politiker und solche, die der Partei nahestehen, bezeichneten sich als die wahren Demokraten und beschworen angebliche Parallelen zwischen der politischen Situation heute und der des Vormärz in Deutschland und beklagten Zensur und einen Mangel an Freiheit. Dabei ignorierten sie allerdings zwei wichtige Aspekte: Die Bewegung damals war eine liberale, keine national-konservative, und sie plädierte für eine europäische Einigung, nicht für nationale Abschottung und Polarisierung im Land.

Der Bürgerbahnhof

Vor einigen Jahren hielt ich einen Vortrag in der Kleinstadt Leutkirch im Allgäu. Die Veranstaltung fand im Hauptbahnhof statt, was ich ziemlich ungewöhnlich fand. Bis ich feststellte, dass der Bahnhof von Leutkirch kein gewöhnlicher Bahnhof ist. Es ist ein Bahnhof, der den Bürgern gehört. Ende 2001 wurde das Teilstück der Isnyer Strecke bis Urlau stillgelegt, danach wurde Leutkirch zum reinen Durchgangsbahnhof. Aus Angst, dass das historische Gebäude verfällt, gründeten 600 Bürger der Stadt eine Genossenschaft und sammelten über eine Million Euro ein, um das Bahnhofsgebäude zu sanieren. Der Bahnhof ist nun sowohl eine gewerbliche als auch eine kulturelle Einrichtung, deren Anteile den Bürgern gehört, die sich an der Sanierung beteiligt haben. Dieser verantwortungsethische gemeinschaftliche Geist hat in dieser

Stadt Tradition. Der Name Leutkirch kommt nämlich von der Kirche, die die Bewohner der Stadt früher selbst gebaut und darauf Wert gelegt haben, dass sie von den großen Kirchen unabhängig bleibt. Diesen Geist und diese Tradition gibt es nicht nur in Leutkirch, sondern in vielen deutschen Städten und Dörfern, in denen ohne Kooperation und Engagement der Bürger viele Projekte nicht zustande gekommen wären. Ob der Bau des Ulmer Münsters, der von 10 000 Bürgern der Stadt finanziert wurde, der Wiederaufbau der Stuttgarter Oper, des Berliner Stadtschlosses oder der Frauenkirche in Dresden, das deutsche Bürgertum hat immer bewiesen, dass es nicht nur Industrie und Handel kann, sondern auch Engagement, Kultur und Kunst.

Die Deutschen und die Umwelt

Schon am Anfang dieses Kapitels habe ich den ökologischen Ansatz von Hildegard von Bingen ausgeführt. Auch die innige Beziehung der Deutschen zur Natur und zum Wald habe ich bereits ausführlich dargelegt. Die ersten Ansätze einer deutschen Umweltbewegung, so der Historiker Joachim Radkau, ließen sich Anfang des 19. Jahrhunderts feststellen – parallel zur Frühromantik. Die bürgerlichen Wurzeln dieser Bewegung sind kaum zu übersehen. Damals habe große Angst vor einer Holznot geherrscht, einer Versorgungskrise beim Rohstoff Holz, während gleichzeitig der »Naturkult« der Wald-Romantik aufkam. In der Folge wurde der deutschsprachige Raum zum Vorreiter der Forstwirtschaft.[1] Aber erst Ende des 19. Jahrhunderts wurde durch die Gründung des Bundes für Vogelschutz (BfV) der Vorläufer des heutigen Naturschutzbundes Deutschland e. V. (NABU) gegründet. Auch dieser Verein war von der Romantik inspiriert.

Die zweite Umweltbewegung entstand Anfang der 1970er-Jahre als direkte Folge der 68er-Bewegung. Anders als die erste

war diese zweite deutsche Umweltbewegung nicht bürgerlich geprägt, denn sie richtete sich gegen Kapitalismus, Atomkraft und
die Ölraffinerien. Hartmut Gründler, Gründer des Naturschutzbundes, übergoss sich 1977 in Hamburg mit Benzin, zündete sich
an und starb fünf Tage später im Krankenhaus. Seine Selbst-
verbrennung fand während des SPD-Bundesparteitages statt. Sie
war für Gründler – nach einem Hungerstreik – die ultimative
Form des Protests gegen die »groben Irreführungen in der Atompolitik« der damaligen Bundesregierung.[2]

Die Atompolitik war auch ein wichtiger Pfeiler für die Gründung der Partei der Grünen, die aus der Anti-Atomkraft-Bewe-
gung entstanden. Sie starteten ihr Projekt aus einem rebellischen
linken Geist, entwickelten sich aber im Laufe der Zeit immer
mehr zu einer bürgerlichen Partei, die die Idee des Umweltschut-
zes in großen Teilen der bürgerlichen Mitte salonfähig machte.

In den heutigen Bewegungen um den Hambacher Forst oder
um »Fridays for future« fließen viele Ströme zusammen: Die alte
Liebe zum Wald und die Identifizierung mit ihm, die Visionen
von Hildegard von Bingen, die deutsche Romantik und die Innerlichkeit, linkes wie bürgerliches Engagement, German Angst und
das Beharrungsvermögen der Deutschen. An diesen Bewegungen
sieht man aber auch deutlich, wie die Unsicherheit, die mit dem
Wandel zusammenhängt, weite Teile der Bevölkerung erfasst.
Und wie notwendig es ist, einen Ausgleich zwischen Ökonomie
und Ökologie zu finden. Andererseits erkennt man an der Umweltbewegung in Deutschland, wie sowohl das linke als auch das
bürgerliche Engagement immer mehr in Richtung Verhinde-
rungspolitik und Blockade geht und immer weniger etwas Neues
aufbaut. Vielleicht ist es ein Wohlstandsphänomen, dass man
mehr Angst hat, das Erreichte zu verlieren, und den Wandel eher
als Gefahr und weniger als Chance begreift. Diese Angst ist natürlich und legitim. Doch wenn sie mehr lähmt als motiviert, wird
sie gefährlich. Wenn nur apokalyptische Vorstellungen hinter

dem Engagement der Bürger stecken, dann wird dieses Engagement in Lagerbildung und Blockadehaltung verharren. Es ist lobenswert, wenn man sich an einen Baum kettet, um ein Stück Wald zu retten, doch es ist ein Zeichen von Stagnation, wenn man sein Leben lang – bildlich gesprochen – am Baum hängen bleibt. Es ist gut, einem Energiekonzern Paroli zu bieten, um seine Umweltziele zu erreichen, aber man muss auch imstande sein zu verhandeln, damit nicht mit einem gelösten Problem zwei weitere entstehen.

An den in diesem und dem vorangegangenen Kapitel aufgeführten und ganz unterschiedlichen Beispielen erkennt man, dass das Bürgertum in Deutschland viel Gegensätzliches in sich vereint: Es kann Freiheit, ist aber auch von Untertanengeist geprägt; es kann Industrie und Umweltschutz, ist Motor von Fortschritt und vorsichtiger Bremser zugleich, getragen von Zuversicht und dann wieder gelähmt durch Angst vor dem Wandel. Die Mitte der Gesellschaft verfügt über enormes Potenzial, über Kräfte, die sie so einsetzen könnte, dass sie sich positiv für die gesamte Gesellschaft auswirken könnten. Derzeit aber bringt sie ihre Potenziale kaum ein. Sie zieht sich zurück und schweigt, dabei wäre sie heute mehr denn je gefragt, Farbe zu bekennen, ihre Politikträgheit abzulegen, verantwortungsvoll zu handeln und sich wieder angeregter am Diskurs zu beteiligen. Denn sie ist das Herzstück unserer Demokratie!

Kapitel 5

Meinungsunfreiheit oder Feigheit, die eigene Meinung zu sagen?

Wenn die Mitte, wie ich gerade konstatiert habe, das Herz unserer Demokratie ist, muss man sich fragen, wie es derzeit um ihren Puls bestellt ist. Bei meinen Lesungen kommen immer wieder Menschen auf mich zu, die sich darüber beschweren, dass sie nicht mehr klar wüssten, auf welcher Seite sie stehen würden. Sie betonen, dass sie zur Mitte gehören und niemals rechts wählen würden. Doch ihnen werde ständig vorgeworfen, sie seien fremdenfeindlich, wenn sie ihre Bedenken über die Flüchtlingspolitik öffentlich äußerten. »Man hat das Gefühl, dieses Land gehört uns nicht mehr und wir haben darin nichts zu sagen«, sagte einer. Manche beklagen, sie würden manchmal selbst vor Arbeitskollegen, Freunden oder Familienmitgliedern mit ihrer Meinung hinter dem Berg halten, aus Furcht, Freunde, Bekannte oder den Job zu verlieren.

Im Mai 2019 ergab eine Umfrage des Instituts für Demoskopie Allensbach, dass 63 Prozent der Deutschen der Auffassung sind, ihre Meinung nicht öffentlich äußern zu können. Selbst vor Freunden und Verwandten würden viele Deutsche ihre Meinung zurückhalten.[1] Auch wenn es Kritik an der Fragestellung der Studie gab und auch, wenn das Empfinden des Befragten alleine nicht ausreicht, um ein Urteil über den Zustand der Meinungsfreiheit insgesamt abzugeben, so lässt sich leider nicht leugnen, dass wir ein vergiftetes Gesellschaftsklima haben, das unsere Streitkultur zunehmend verkrampft und den Diskursraum verengt. Einige Dutzend Kommunalpolitiker brauchen Polizeischutz, weil ihr Leben gefährdet ist. Gleiches gilt für mehrere Islamkritiker, Ex-Muslime, Ex-Clan-Mitglieder und Homosexuelle aus dem islamischen Raum. Selbst an Universitäten ist die freie Rede keine Selbstverständlichkeit mehr. Professor Bernd Lucke wurde mehrmals von linken Studierenden an der Uni Hamburg daran gehindert, seine Vorlesung durchzuführen. Professor Susanne Schröter, eine ausgewiesene Islamexpertin an der Uni Frankfurt, wurde von protestierenden muslimischen und linksorientierten Studierenden als Rassistin bezeichnet, nur weil sie eine Konferenz zum Thema Kopftuch organisiert hatte, an der Befürworter und Kritiker des Schleiers teilnahmen. An derselben Uni endete eine Diskussion zu einem ähnlichen Thema in einer Schlägerei, weil gläubige Studenten erst zu emotional, dann zu handgreiflich wurden. Ich persönlich erlebte in den letzten Jahren mehrere Schikanen während meiner Lesereisen. Ein Hotel in Köln verweigerte mir den Aufenthalt dort, weil dies die Sicherheit der anderen Gäste gefährde. Die Volkshochschule Konstanz lud mich wieder aus, nachdem die Direktorin erfahren hatte, dass ich unter Polizeischutz stehe. Ein anderer Co-Veranstalter in Bayern entzog mir die Räumlichkeit für meine Lesung aus dem gleichen Grund. Das Gleiche tat die TU Hamburg-Harburg, nachdem muslimische Studenten gegen meinen Vortrag protestiert hatten. Der Dekan kommentierte die Absage mit den Worten »Zugunsten des inneren Friedens an der Universität nehmen wir von solchen Veranstaltungen Abstand«. Wäre er ehrlich gewesen, hätte seine Absage lauten müssen: »Aus Angst vor Feinden der Freiheit verzichten wir auf die Meinungsfreiheit.« Die Universität Augsburg, die mich zu meiner Studentenzeit dort mit Preisen überhäuft hatte, u. a. als bester ausländischer Student, lehnte einen Vortrag von mir mit anschließender Diskussion mit den Studenten ab, weil die linke Asta und einige muslimische Studenten dagegen protestiert hatten. Während eines Vortrags in Dachau wurde ich von Antifa-Aktivisten mit brennenden Kerzen beworfen und als Faschist beschimpft. Einer versuchte, mich ins Gesicht zu schlagen. Nur durch das harte Eingreifen meiner Personen-

schützer und der bayerischen Polizei konnte ich vor dem wütenden Mob in Sicherheit gebracht werden.

Anfang Juli 2019 schließlich bekam ich eine merkwürdige Mail
von einem Abgeordneten der Grünen aus Baden-Württemberg,
die zeigt, wie tief die politische Kultur in Deutschland gesunken
ist. Er schrieb:

»Sehr geehrter Herr Samad,
wir haben uns anlässlich der Veranstaltung zum säkularen Islam
in Frankfurt getroffen. Gerne wollte ich Sie nach Baden-Würt-
temberg einladen, damit Sie auch bei uns Ihren interessanten
Vortrag halten. Nun hörte ich aber, dass Sie bereits Gast bei der
sogenannten Werte-Union waren. Deren Vorsitzender Alexan-
der Mitsch, der in meinem Wahlkreis zuhause ist, ist Mitgründer
des rechtspopulistischen ›Aufbruch 2016‹ und steht zahlreichen
Positionen der AfD sehr nahe. Seine Gruppe in der CDU betreibt
den Ersatz von Frau Merkel als Kanzlerin durch den Konservati-
ven Merz. Ich wollte Sie fragen, ob Sie mir Ihre Distanz zu der
›Werte-Union‹ glaubhaft darlegen können? Dies wäre unbe-
dingte Voraussetzung für eine Zusammenarbeit, die ich mir im
Übrigen sehr wünschen würde.«

Ich war nicht überrascht als ich diese Mail bekam, werde ich
doch ständig aufgefordert, mich von irgendwelchen rechten Parteien und Gruppen zu distanzieren, obwohl jeder, der meine
Bücher liest oder Vorträge hört, weiß, dass der Boden, auf dem
ich mich bewege, eindeutig der des Humanismus und der Aufklärung ist. Ich spielte zunächst mit dem Gedanken, diese Mail
zu ignorieren, entschloss mich am Ende aber doch zu folgender
Antwort:

»Sehr geehrter Herr ....,

dankend lehne ich eine Zusammenarbeit mit Ihnen ab, bis Sie mir glaubhaft beweisen, dass Sie ein Demokrat sind. Wie können Sie es wagen, einem Schriftsteller einen Gesinnungstest zu unterziehen als Voraussetzung für eine Zusammenarbeit mit ihm? Ich bin mir sicher, Sie könnten niemals einem ethnisch-deutschen Schriftsteller eine solche unverschämte Anfrage schicken.

Nein, ich bin ein freier Mensch und ein freier Schriftsteller, und ich bestimme selbst, wo und mit wem ich rede. Im Gegensatz zu Ihnen stehe ich keiner Partei nahe, deshalb muss ich mich nicht von irgendeiner Richtung distanzieren. Ich beobachte alle und kann alle kritisieren, brauche aber diese moralisierenden und ideologischen Stellungnahmen nicht. Sie sind ein Abgeordneter, und Sie können mit der ›Werte-Union‹ oder mit der AfD im Parlament und im Wahlkampf streiten. Von einem Schriftsteller aber zu verlangen, sich von Ihren politischen Gegnern zu distanzieren, zeugt von Unfähigkeit, Überheblichkeit und Verachtung der demokratischen Debattenkultur. Und deswegen distanziere ich mich von einer Zusammenarbeit mit Ihnen!«

Die Mail des Abgeordneten zeigt, dass viele nicht wirklich diskutieren wollen, sondern nur die Spiegelung und Bestätigung der eigenen Auffassung erwarten. Sie können es nicht aushalten, dass man anderer Meinung ist als sie, weil sie ihre eigene absolut setzen und sich mit ihr identifizieren. Deshalb reagieren sie gereizt oder ablehnend, wenn diese Meinung infrage gestellt wird, denn sie fühlen sich dadurch selbst infrage gestellt. Wer etwas absolut setzt, verweigert sich einer rationalen Auseinandersetzung mit der Haltung der Gegenseite. Und wenn eine rationale Auseinandersetzung fehlt, wenn man sich argumentativ also auf dünnem Eis bewegt, greift man auf einen moralisierenden oder emotional aufgeladenen Ton zurück, um das Gegenüber unter Druck zu setzen. So aber verharrt man in den jeweiligen ideologischen Schützengräben, schießt aus der Ferne auf den (politischen) Gegner und verweigert sich jeglicher Debatte.

Um einen fruchtbaren Diskurs führen zu können, muss man aber eine gewisse Distanz zu seinen Meinungen und Positionen haben. Man muss bereit sein, den anderen anzuhören und sich gegebenenfalls überzeugen zu lassen, sprich: seine Meinung infrage zu stellen. Und genau an dieser Bereitschaft fehlt es oft. Viele sind der Meinung, die Polarisierung nehme in Deutschland wegen der Globalisierung, der Migration oder der AfD zu. Dabei ist die Hauptursache für die Spaltung die Diskursunfähigkeit. Wenn Meinungen aus Angst zurückgehalten werden, wenn sie emotional aufgeladen werden und ihnen der rationale Unterbau fehlt, wenn ausgegrenzt und gleichzeitig die eigene Haltung absolut gesetzt wird, ist ein vernünftiger Diskurs unmöglich.

Die Verengung des Diskursraums

Tabuthemen sind aber nicht nur AfD, Islam und Migration. Auch bei Umweltfragen gibt es mittlerweile eine zulässige und eine Tabumeinung. In Berlin treffe ich den Schriftsteller Philipp Möller. Er bezeichnet sich selbst als liberalen Atheisten und hegt durchaus Sympathien für die Klimabewegung. Doch im Auftreten der schwedischen »Fridays for future«-Aktivistin Greta Thunberg bei der UN erkannte er Elemente einer neuen Säkularreligion. Parallelen sah er vor allem beim Beschwören von apokalyptischen Szenarien und in der alttestamentarisch anmutenden Sprache, die den Menschen mit dem Untergang droht, ihnen Angst einjagt und Reue und Umkehr verlangt.

Als Möller seine Einschätzung auf Facebook postete, hagelte es Kritik und Beschimpfungen. Manche seiner früheren Freunde und Weggefährten wandten sich gegen ihn. Ähnlich erging es dem Kabarettisten Dieter Nuhr, der es wagte, die Prophetin der

Klimabewegung mit den Mitteln der Satire zu kritisieren. Nuhr, Gründungsmitglied der Grünen, warnte in einem Interview mit dem *Stern*: »Wir leben in einer Gesellschaft, die sich immer mehr radikalisiert und polarisiert. Wenn Menschen ihre Positionen zur reinen Wahrheit erklären, Begriffe wie ›nicht verhandelbar‹ verwenden und die Demokratie infrage stellen, wie es zum Beispiel bei Klimaaktivisten indessen häufiger zu hören ist, dann macht sich Fundamentalismus breit.«[2]

Wer ist für eine solche Verengung des Diskursraums verantwortlich? Politiker und Diskursführer? Oder die Bürger selbst, die darauf warten, dass ihnen die Freiheit nicht nur von oben geschenkt, sondern auch verteidigt wird? In den Fällen, die ich erwähnt habe, waren es nicht der Staat und auch nicht die Medien, die bestimmt haben, welcher Diskurs zulässig ist und welcher nicht. Es waren normale Bürger, die entweder aus Angst, ihre Meinung nicht äußern konnten, oder aus ideologischer Beschränktheit oder aus dem Glauben, moralisch gefestigt zu handeln, die Meinungen anderer unterdrückt oder angegriffen haben. Die starke Emotionalisierung der Debatte und die Angst, von der falschen Seite Applaus zu bekommen, hemmt den Diskurs und lähmt die Demokratie. Man steht vor dem Dilemma: Sagt man das aus seiner Sicht Richtige, steht man möglicherweise automatisch auf der Seite der Falschen. Schweigt man, verschlimmert sich die Situation weiter, wovon auch nur die Falschen profitieren. Wie konnte es so weit kommen, dass das bloße Aussprechen einer anderen Meinung ins moralische Abseits führt?

Diese Frage bringt uns zurück zum Thema Schuld. Die Fixierung auf den »hässlichen Deutschen« als Wegweiser für Moral und politisches Handeln erzeugte viele Denk- und Sprachverbote. Sprachregulierung ist an sich keine schlechte Sache, denn keiner will in einer Gesellschaft leben, wo die Menschen respektlos miteinander umgehen. Doch aus einer vernünftigen Regulierung kann mit der Zeit eine Überregulierung werden: Macht- und

Kontrollmechanismen verselbstständigen sich. Diese Überregulierung erkennt man beispielsweise an Sprachbeschränkungen.
Die einen sehen in Political Correctness ein probates Mittel,
um sicherzustellen, dass Diskussionen frei von Diskriminierung
bleiben. Die anderen sind der Auffassung, das »Korrekte« meine
das »moralisch Korrekte« und sei damit eine Form der Zensur,
ein Mittel der Erziehung mittels Sprachpolitik. Aus dem Begriff
»Ausländer« wurde »Menschen mit Migrationshintergrund«, aus
»Asylanten« wurde zunächst »Flüchtlinge«, heute heißt es »Ge-
flüchtete«.

Über Sprache kann immer auch eine Weltsicht ausgedrückt
werden. Umgekehrt kann sie auch instrumentalisiert werden, um
eine Weltsicht zu fördern oder zu unterdrücken. Aus meiner Sicht
ist Vorsicht immer dann geboten, wenn gewisse Sprachnormen
sich nicht aus einer Gesellschaft heraus entwickeln, sondern von
Organisatoren, Verbänden oder Politikern vorgegeben werden.
Dann sollte hinterfragt werden, was damit betont oder ausgeblen-
det werden soll. Denn Kritiker wie Verteidiger der politischen
Korrektheit könnten gleichermaßen die Demokratie bedrohen.
Die Verteidiger trauen dem öffentlichen Diskurs nicht und versuchen über eine Steuerung von Sprache den Korridor politischer
Haltungen mitzubestimmen. Tatsächlich lassen sich aber die gesellschaftlichen Freiheiten, um die es einer wohlverstandenen
politischen Korrektheit fraglos geht, durch sanktionierte Sprach-
übungen allein nicht verteidigen. Es bedarf immer des substan-
ziellen gesellschaftlichen Konsenses, der auf Dauer nur mit den
besseren Argumenten, einem funktionierenden Rechtsstaat und
einer dafür sensiblen politischen Elite sichergestellt werden kann.
Die Kritiker der politischen Korrektheit könnten aus liberaler
Sicht ebenfalls bedrohlich sein, weil sie denjenigen einen Schutz-
schirm der Toleranz leihen, denen es in Wahrheit um eine konservative Revolution geht, die am Ende zur Ausgrenzung von
Menschen führt.[3]

Diese Form der Regulierung führt auch dazu, dass bestimmte Positionen mit Stigmata belegt werden. An einem Gymnasium in Hessen referierte ich im Frühjahr 2019 über die Integration von Flüchtlingen. Als ich die Flüchtlingspolitik der Bundesregierung kritisierte, reagierte ein Schüler sehr emotional: »Wollen Sie, dass wir Flüchtlinge im Mittelmeer ertrinken lassen?« Dabei hatte ich nur Fehler der Regierung bei der Integration von Flüchtlingen aufgezeigt und keineswegs die Aufnahme von Flüchtlingen an sich infrage gestellt. Kritik an einzelnen Aspekten wurde gleichgesetzt mit einer grundsätzlichen Ablehnung – ein Automatismus, der bei vielen Themen zu beobachten ist. Wer übertriebene politische Korrektheit kritisiert, heißt nicht automatisch Diskriminierung gut. Und wer Probleme bei der Integration benennt, ist nicht automatisch in der rechten Ecke zu verorten.

Ähnlich erging es Menschen, die einige Einschränkungen während der Corona-Krise als nicht verhältnismäßig kritisierten. Auf ihre Argumente wurde selten mit Gegenargumenten reagiert, sondern meist mit dem Vorwurf, sie nähmen ein Massensterben in Kauf. Wer Vertreter anderer Meinungen auf diese Weise kurzerhand ins moralische Abseits stellt, erspart sich natürlich die Mühe eines Diskurses, der doch dringend notwendig wäre.

Die einen entziehen sich dem Diskurs, indem sie sich als moralisch überlegen geben, und es daher für unnötig halten, sich in moralisch fragwürdige Niederungen zu begeben. Die anderen trauen sich nicht mehr ihre Meinung zu sagen, weil sie nicht als herzlos, unmoralisch oder gar als Nazis abgestempelt werden wollen. Diese Selbstzensur betrachte ich als noch gefährlicher als die Sprach- oder Denkverbote. Wieder andere reagieren mit Trotz, Wut und Verschwörungstheorien und diskreditieren somit viele Kritiker, die mit vernünftigen Argumenten arbeiten.

Wir scheinen vergessen zu haben, dass der Widerspruch ein wichtiger Teil einer Streitkultur ist und ein Lebenselixier der Demokratie. Ein guter Konsens kann immer erst dann erreicht werden, wenn man verschiedene Seiten angehört hat. Und wenn man bereit ist, andere Meinungen auszuhalten und sie nicht von vornherein mit Verboten zu belegen. Hasserfüllte und rassistische Äußerungen sind keine Meinungen. Umgekehrt sind kritische und sogar ablehnende Haltungen gegenüber dem Islam und der Migration nicht automatisch als Hassrede und Rassismus zu betrachten. Alle Seiten müssen lernen, dass derjenige, der Widerspruch und Kritik an seiner Position nicht duldet, ein Diskursverweigerer ist – egal ob er von rechts oder links kommt, ob er in der Regierung oder in der Opposition ist oder ein solcher Streit im privaten Raum stattfindet.

Religionskritik, oder:
Wenn Voltaire an Grenzen stößt

Mitte November 2018 war ich in Berlin bei einem Vortrag von Richard Dawkins. Der berühmte britische Wissenschaftler und ehemalige Oxford-Professor gilt als einer der schärfsten Religionskritiker der Welt. Sein Buch ›Der Gotteswahn‹ wird häufig als Manifest des »Neuen Atheismus« bezeichnet. Dieser Neue Atheismus vertritt ein humanistisches und naturalistisches Weltbild, zu dem Dawkins' These, dass jeder Glaube an einen Gott irrational sei und der Gesellschaft schade, sehr gut passt. Nach dem Vortrag war ich mit Dawkins zu einem Abendessen eingeladen. Ein Freund, der aus Ägypten zu Besuch war, begleitete mich. Als er bemerkte, dass ich die ganze Zeit über von mehreren Personenschützern begleitet wurde, während Dawkins sich ohne Begleitung frei bewegte, fragte er mich verwundert: »Hamed, sag mal, Dawkins hat das Christentum doch mehr kritisiert als du den Islam. Warum fährst du in einem gepanzerten Fahrzeug und wirst 24 Stunden von der Polizei überwacht, während Dawkins das nicht braucht?«

Ich versuchte, ihm die Situation nüchtern zu erklären: Ein Richard Dawkins wäre in Europa vor 500 Jahren auf dem Scheiterhaufen verbrannt worden. Im Mittelalter waren die meisten Menschen Gefangene ihrer engen Religionsvorstellungen. Die Aufklärung und davor die Religionskriege haben den Menschen beigebracht, dass religiöse Toleranz und das friedliche Zusammenleben von Gläubigen und Nichtgläubigen viel besser funktioniert als die Übermacht der Kirche und die Verfolgung der Nichtgläubigen. Die Religionskritik von Kant, Erasmus, Voltaire, Feuerbach und anderen haben die gläubigen Christen trainiert und toleranter gegenüber Kritik gemacht. Denn es ist viel einfacher, die eigenen Emotionen unter Kontrolle zu halten, als allen Religionskritikern einen Maulkorb zu verpassen. Nun hat Europa seine Türen für Migration aus der islamischen Welt geöffnet. Die meisten Muslime, die hierherkommen, sind zwar friedliche Menschen und wollen nur ein besseres, ein freies Leben führen. Doch auch unter ihnen sind viele, die gedanklich im Mittelalter stecken geblieben sind. Sie bringen ihre Version des Mittelalters im Gepäck mit. Sie mussten sich nie mit einem Kant, einem Erasmus oder einem Voltaire auseinandersetzen. Sie haben ihre (vermeintlichen) Ketzer und Häretiker in der Vergangenheit getötet und mussten ihre Religion nie dauerhaft für Hinterfragung oder Kritik öffnen.

Aber auch friedliche Muslime machen mit den Radikalen gemeinsame Sache, wenn sie unter Berufung auf ihre religiösen Gefühle jede Kritik am Islam zurückweisen. Sie kommen mit dem Anspruch hierher, dass keiner ihre Religion kritisieren darf. Sie profitieren von der hiesigen religiösen Toleranz und Vielfalt, die ohne Religionskritik und Aufklärung nie möglich gewesen wären, wehren sich aber gegen die gleichen Werte der Aufklärung, wenn es um ihre Religion geht. Sie fordern damit die westlichen Gesellschaften heraus, werden von ihnen umgekehrt aber nicht herausgefordert, auf jene Elemente ihrer Kultur zu verzichten, die das friedliche Zusammenleben gefährden. Sie spielen die Karte des Opfers, die hierzulande die Karte der Schuld aktiviert. Kolonialismus hier, Holocaust und Verfolgung da – und schon ist man gerade als Deutscher geneigt, das Haupt zu senken und den Mund zu halten.

Deshalb kann man heute den Papst, Gott und Jesus zeichnen, kritisieren und durch den satirischen Kakao ziehen, doch wenn es um Mohammed oder den Koran geht, ist man vorsichtiger. Manche machen das aus Rücksicht auf religiöse Gefühle, manche aus Schuldbewusstsein, manche aus Angst vor fanatischen Islamisten, zumal nach den schrecklichen Erfahrungen mit *Charlie Hebdo*. Einige andere lassen aber auch Vorsicht walten aus Opportunismus und wirtschaftlichem Kalkül, weil sie Geschäfte mit den Golfstaaten, der Türkei und dem Iran machen und diese Länder nicht verärgern wollen. Und so wird jemand, der den Islam kritisiert, nicht nur von den Radikalen bedroht, sondern auch von verschiedenen Seiten moralisch unter Druck gesetzt. Religionskritik hieß früher Aufklärung und wurde von den Intellektuellen bejubelt. Heute gilt sie schnell als Populismus, Hetze gegen Minderheiten, Verletzung religiöser Gefühle. Heute, so scheint es, will Deutschland von Voltaire nichts mehr wissen. Wenn Gefühle aber zum Nachteil von Argumenten aufgewertet werden, wenn Opferhaltung und Anspruchsmentalität auf Schuldbewusstsein treffen, dann geht die Meinungsfreiheit baden.

Ich hätte die Frage meines ägyptischen Freundes zum Anlass nehmen können, um mich als Opfer zu fühlen, doch ich sagte ihm: Ich versuche, die Sache von der positiven Seite zu sehen. Ich bin ein Schriftsteller, der eine unbequeme Meinung zum Islam hat. Diese Meinung verärgert nicht nur fanatische Muslime, sondern bringt auch die Politik in Verlegenheit, will die Regierung doch gute Beziehungen zu den islamischen Staaten und zu den Migranten pflegen. Der Staat selbst unterdrückt meine Meinung aber nicht, sondern gewährt mir Personenschutz, damit ich meine

Meinung frei äußern kann. Ich sage meine Meinung und fliehe
nicht vor den Konsequenzen. Das ist für mich die Quintessenz
der Meinungsfreiheit und der Demokratie. Ich fühle mich trotz
allem freier als diejenigen, die mich bedrohen oder mir aus Furcht
keine Plattform bieten wollen. Denn sie sind in den Gefängnissen
ihrer Identität oder ihrer Angst verhaftet, ohne die Mauer erkennen zu können, die sie umgibt. Auch ich habe mich lange innerhalb dieser Mauern bewegt. Sie zu sehen und zu überwinden, war
ein sehr langer Weg. Er begann mit einer Frage, die ich zu stellen
wagte. Und manchmal ist es tatsächlich so, dass in Fragen der
Schlüssel zur Erlösung liegt, während in manchen Antworten das
Schloss für das Gefängnis mitgeliefert wird.

Kultur der Fragen vs. Kultur
der fertigen Antworten

Vor 25 Jahren kam ich von Ägypten nach Deutschland, um in
Freiheit zu leben, und um alles sagen und schreiben zu können,
was ich wirklich denke. Ich kenne den bitteren Geschmack der
Unfreiheit sehr gut, und ich kenne den süßen Geschmack der Befreiung. Als ich nach Deutschland kam, konnte ich mir nicht vorstellen, dass ich 18 Jahre später ein gepanzertes Fahrzeug, eine
schusssichere Weste und ein halbes Dutzend Polizisten brauchen
würde, um einen öffentlichen Vortrag zu halten.

Ich wuchs in einem Land auf, in dem ich kaum Fragen stellen
durfte. Ich war zwar behütet in der Familie und im Glauben, aber
infrage stellen durfte ich weder die Familie noch den Glauben.
Mein Vater sprach als Imam von einem hohen Pult aus in der
Moschee zu den Gläubigen. Von oben nach unten hat er sie darüber unterrichtet, wer Gott ist und was er von ihnen erwartet. Nach
dem Gebet gab es keine Diskussion, sondern eine Sprechstunde,
wo die Menschen meinen Vater nicht nach dem Inhalt seiner Pre-

digt fragten, sondern seinen Rat ersuchten, wie sie gottgefällig pflanzen, ernten, essen, heiraten und Sex haben können.

Auch zuhause redete mein Vater mit uns Kindern von oben nach unten. Es gab keine Diskussion, keinen Widerspruch. Mein Kopf aber war voll mit Fragen zu Gott, wo er ist und was er wirklich mit uns vorhat. Ich fragte meinen Vater, warum ein barmherziger Gott es nötig hat, uns mit der Hölle zu bestrafen, wenn wir sündigen, wenn er in seiner Allmacht die Sünde doch erst geschaffen hat und wenn es in seiner Macht liegt, dafür zu sorgen, dass wir nicht sündigen. Warum dürfen wir nicht an Gott zweifeln, bevor wir ihn finden? Warum erben wir den Glauben, anstatt uns freiwillig dafür zu entscheiden?

Mein Vater war wütend auf mich, drohte, mir das Genick zu brechen, falls ich »solchen Unsinn« wiederholen würde. Ich sollte beten und Gott um Vergebung bitten – dafür, dass ich meinen Verstand, den er mir doch erst gegeben hatte, benutzt hatte. In der Moschee musste ich diesen Verstand zusammen mit meinen Schuhen draußen vor der Tür lassen. Zuhause musste ich ihn zügeln. Ich musste lügen und mich verstellen, um meinen Vater nicht zu verärgern.

In der Schule war es nicht viel anders. Die Lehrer haben gesprochen und wir mussten zuhören. Sie haben gefragt und wir mussten antworten. Wir wurden danach bewertet, wer die Inhalte am besten auswendig lernte. Meine Fragen, sofern ich es wagte, sie zu stellen, wurden zurückgewiesen. Einige Lehrer beschwerten sich bei meinem Vater, dass ich »unangenehme Fragen« stellen würde. Dabei wollte ich nur wissen, warum die Sachen so sind, wie sie sind. Der Religionslehrer erzählte uns zum Beispiel, dass ein Mann, der masturbiert, am Jüngsten Tag mit einer schwangeren Hand vor Gott stehen würde. Ich fragte ihn, was mit den Jungs sei, die durch ein Loch in einem Kaktusblatt masturbierten, ohne die Hand zu benutzen. Der Lehrer nannte mich »unhöflich« und wandte sich empört an meinen Vater. Dass er uns Horrorgeschichten über das Jüngste Gericht erzählte, bis ich Albträume hatte, in denen ich vor meiner schwangeren Hand fliehe, war offenbar nicht unhöflich.

In der Welt, in der ich aufwuchs, gab es keinen Ort für kritische Rationalität. Das Individuum stand im Dienst der Gemeinde, und mein maßgeschneidertes Wissen stand im Dienst der kollektiven Identität. Individualismus galt als Gefahr, Kritik als Verrat. Wichtig waren allein Tradition, Homogenität und Kontinuität. Der soziale Vertrag mit der Gesellschaft lautete folgendermaßen: Du gibst deine Individualität auf, arbeitest im Dienst der Familie und der Gemeinschaft. Die Familie und die Gemeinschaft verteidigen und schützen dich, besorgen dir einen Job und eine Frau. Und über allem steht die Religion.

Ich habe es dennoch gewagt, meinem Vater eines Tages zu widersprechen. Ich habe seine Stellung als Familienoberhaupt und als religiöse Instanz infrage gestellt. Mein Vater wollte, dass ich in seine Fußstapfen trete und Imam werde. Ich lehnte ab. Ich wollte den Menschen keine Gewissheiten verkaufen, war ich doch selbst voller Zweifel und Fragen. Ich floh nach Kairo, studierte Fremdsprachen, lernte Frauen kennen und versuchte, Freiheit einzuatmen und Wissen jenseits der Religion und der Tradition zu erwerben. Ein Tabubruch auf allen Ebenen und eine Aufkündigung auch des sozialen Vertrags mit der Gemeinschaft.

Den Preis dafür bezahle ich bis heute. Aber selbst, wenn ich die Zeit zurückdrehen könnte, würde ich mich genauso entscheiden wie damals. Denn es war der erste Schritt auf meinem langen Weg in die Freiheit. Wie steinig dieser Weg sein würde, wurde mir bereits an der Uni in Kairo bewusst, wo mich mein Professor beschimpfte, weil ich es wagte, einige Aspekte seines Vortrags infrage zu stellen. Als ich sagte: »Ich bin anderer Meinung«, unterbrach er mich, noch bevor ich meine Meinung äußern konnte. Er wütete: »Wer bist du denn, eine Meinung zu haben? Ich habe studiert, dann eine Masterarbeit und dann eine Doktorarbeit geschrieben. Ich habe im In- und Ausland studiert, etliche Bücher geschrieben und wurde Professor, bis ich mir diese Meinung gebildet habe, die dir jetzt nicht gefällt. Geh und mach, was ich gemacht habe, erst dann darfst du eine Meinung haben.«

In meinen Studienfächern war meine Meinung nicht gefragt, zu Politik und Religion durfte ich sie erst gar nicht kundtun. Die Türen für politisches oder zivilgesellschaftliches Engagement standen mir in Ägypten nicht offen. Das Heilige der Religion, das Sippenhafte der Familie, der Narzissmus der Lehrenden, kurz: die Kultur der fertigen Antworten und der Angst stand meinen Fragen immer im Weg.

In der Uni-Bibliothek las ich die Werke der Antike und sah, wie Menschen mit den Göttern hadern durften. Aus den alten Mythen und Tragödien wurde die Philosophie geboren. Ich las Spinoza, Nietzsche und Jean-Paul Sartre. Lange bevor ich in Europa Fuß gefasst hatte wusste ich, dass die europäische Kultur eine des Fragens ist, des Zweifelns und des Sich-infrage-Stellens. Doch in Ägypten hatte ich immer Angst, dass jemand die Fragen, die in meinem Kopf wimmelten, hören könnte. Denn in meiner Welt galt schon das Denken als eine Sünde, die die Gesellschaft in Gefahr bringen könnte.

Letztlich waren es wohl die westliche Philosophie und Literatur, die mich nach Europa gelockt haben. Die Gedanken der Aufklärung und die Verheißung der Freiheit, die mich verführt haben. Alles, was ich in jenen Zeiten ohne Internet über Europa wusste, stammte aus Büchern, einem Film über die Französische Revolution und Reiseberichten arabischer Literaten, die im Ausland studiert haben. Ich wusste, Europa ist der richtige Ort für meine Gedanken und für meine Fragen.

Eben weil ich aus einer solchen restriktiven Gesellschaft stamme, verstehe ich diejenigen, die mich bedrohen, sehr gut. Ich war einmal da, wo sie jetzt noch sind. Genau wie die Nationalisten und Populisten in Deutschland und in anderen Ländern sind

sie Gefangene einer Idee, einer bestimmten Identität. Sie verbar-
rikadieren sich hinter den Mauern des falschen Stolzes und der
übertriebenen Angst und glauben, jenseits der Mauern lauere die
große Gefahr.

Wenn man sich mit etwas überidentifiziert, fühlt man sich
automatisch als dessen Schutzmacht. Wenn man keine Distanz zu
seiner Identität hat, fühlt man sich persönlich angegriffen, sobald
ein Aspekt dieser Identität kritisiert wird. Doch etwas verstehen
heißt nicht, es gutzuheißen oder gar zu dulden. Das gilt für rück-
wärtsgewandte Nationalismen ebenso wie für radikale Positionen
des politischen und religiösen Spektrums. Wenn man aber die
Konfrontation mit Menschen meidet, die solchen Vorstellungen
anhängen, bestärkt man die Rechtsextremen, die Linksextremen
und die Islamisten in ihrer Haltung, es gebe Denk- und Sprech-
verbote. Und wenn die Mitte den Diskurs scheut oder sich aus
ihm zurückzieht, lassen wir zu, dass solche Positionen zunehmend an Terrain gewinnen und salonfähig werden.

Manche Vertreter der politischen Linken glauben, den Islam
oder die Muslime vor Kritik schützen zu müssen. Sie umgeben
Migranten mit neuen Mauern: den Mauern der potenziellen
Opfer. Diese Form des vorauseilenden Mitleids ist arrogant. Man
sieht sich selbst oben, in einer Position der Stärke, und die anderen unten, in einer Position der Schwäche. Rassismus muss mit
Entschiedenheit begegnet werden. Den davon Betroffenen hilft
man aber am besten, wenn man ihnen mit Empathie begegnet,
sich in ihre Lage versetzt, und sie ermächtigt, sich aus dieser
Situation zu befreien. Sie im Status des Opfers zu belassen, und sei
es noch so gut gemeint, hilft weder den Betroffenen, noch gelingt
so ein Zurückdrängen von Rassismus.

Für mich persönlich habe ich entschieden, mit allen zu reden,
die meine Geschichte und meine Meinung hören wollen. Das ist
manchmal unbequem für mich, manchmal für meine Gesprächs-
partner. Manche werden von meiner Geschichte und meinen Ge-

danken inspiriert, für andere werde ich zu einer Hassfigur, weil sie nicht glauben wollen, dass das, was sie so vehement verteidigen, nur die Mauern ihres Gefängnisses sind.

Freiheit ohne Führerschein

Ich kam also nach Deutschland. Und mein Vater, mein Lehrer und mein Professor kamen mit. Sie waren genau genommen schon vor mir da. Den physischen Mauern meines Gefängnisses mochte ich entkommen sein, doch die inneren Gefängnisse blieben. Ich dachte, ich würde sofort in der westlichen Freiheit aufgehen, aber genau diese Freiheit überforderte mich. Ich empfand die Freiheit wie ein Fahrzeug, für das es bestimmte Verkehrsregeln, ein Navigationssystem und vor allem einen Führerschein brauchte. Über all das verfügte ich nicht.

So hatte ich früher gedacht, das gesellschaftliche und politische System in Ägypten und die Religion hätten mich daran gehindert, frei zu leben. In Deutschland habe ich gelernt, dass kein Mensch mir die Freiheit schenken oder wegnehmen kann. Ein Staat oder eine Religion kann die Freiheit seiner Bürger oder die der Gläubigen empfindlich einschränken. Aber nur so weit, wie diese das hinnehmen. Ich habe verstanden, dass die Diktatur in Ägypten letztlich die Summe der unfreien Menschen ist, die dort leben und die die Unmündigkeit nicht nur akzeptieren, sondern sie an die eigenen Kinder vererben.

In Deutschland glauben manche, sie könnten ihre Meinung nicht mehr äußern, weil »die da oben« sie daran hindern würden. Selbstverständlich sind auch die politische Klasse, die wirtschaftlichen Interessen, die akademische Political Correctness und das Schuldbewusstsein mögliche Gründe für eine Verknappung der Meinungsfreiheit. Tatsache ist aber doch: Man kann zu jeder Zeit seine Meinung äußern, muss aber damit rechnen, dass das nicht nur auf Zustimmung, sondern auch auf Gegenrede stoßen kann. Und hier liegt aus meiner Sicht der Knackpunkt. Sowohl Zustimmung als auch Gegenrede sind zunehmend weniger Ausdruck einer sachlich-rationalen Meinung. Eine unliebsame Meinung wird sofort gereizt geahndet. Derjenige, der sie ausgesprochen hat, bekommt unmittelbar zu spüren, dass nicht nur seine Meinung bewertet wird, sondern gleichzeitig seine politische und moralische Haltung. Das sind die Erfahrungen derjenigen, die ich eingangs des Kapitels erwähnt habe. Und das ist eine Erfahrung, die auch Sahra Wagenknecht machte, als sie für eine abweichende Haltung zur Migrationspolitik von ihrer eigenen Fraktion als Rassistin geschmäht wurde. Auch der Tübinger Bürgermeister Boris Palmer machte ähnliche Erfahrungen mit seiner Partei, als er die Corona-Einschränkungen mit einer unglücklichen Formulierung kritisierte. Es blieb nicht bei Forderungen nach einem Parteiausschluss. Palmer bekam für seine abweichende Meinung sogar Morddrohungen.

Für die Verengung des Diskursraumes sind aus meiner Sicht aber vor allem diejenigen verantwortlich, die ihre Meinung nicht mehr sagen, weil sie ihre emotionale, intellektuelle und soziale Komfortzone nicht verlassen wollen. Sie halten keinen Widerspruch aus, sind nicht bereit, für ihre Meinung einzustehen, ziehen sich zurück und geben so wesentliche Elemente unseres demokratischen Systems der langsamen Erosion preis.

Freiheit ist aber kein Geschenk, das uns der Staat gibt oder wegnimmt, sondern ein Lebensstil, den wir selbst pflegen und verteidigen müssen. Die Freiheit ist da wie die Luft, man nimmt sie erst wahr, wenn sie knapp wird. Doch anders als die Luft gibt es die Freiheit nicht umsonst. Da ich in einer Diktatur aufgewachsen bin, kenne ich den Preis der Freiheit sehr gut und kann deren Verknappung vielleicht etwas früher wahrnehmen als Menschen, die in Freiheit geboren und aufgewachsen sind. Und tatsächlich merke ich, dass es immer mehr zu einem Rückgang der Meinungsvielfalt kommt. Man hätte erwarten können, dass die Meinungen und Positionen im öffentlichen Raum umso vielfältiger werden, je pluralistischer eine Gesellschaft wird. Vielfalt ist der Baustoff für eine offene, kosmopolitische und dynamische Gesellschaft. Multikulturalismus als politisches Konzept ist der Versuch, diese Vielfalt zu steuern, die Menschen ethnisch, kulturell oder religiös einzuordnen. Der Historiker und Wissenschaftsphilosoph Kenan Malik sieht darin die Gefahr neuer Grenzen: »Einerseits erlaubt (der Multikulturalismus) es vielen Menschen, Zuwanderung (…) und Minderheiten zum Problem zu erklären. Und auf der anderen Seite treibt es viele traditionelle Liberale und Linke dazu, klassische Ideen der Aufklärung aufzugeben. Die Idee der Freiheit zum Beispiel, insbesondere die Meinungsfreiheit. (…) Gerade, weil wir aber in einer pluralen Gesellschaft leben, brauchen wir die größtmögliche Meinungsfreiheit.«[4]

Wir gehen oft mit der Freiheit um wie mit Konsumgütern. Wir konsumieren sie, dann konsumieren wir mehr davon, werden davon immer abhängiger, genießen sie aber immer weniger. Irgendwann halten wir diese Freiheit für naturgegeben und selbstverständlich. Doch die Freiheit ist nicht mehr als die Summe der freien Menschen, die in einer Gesellschaft leben. Sie ist kein Wunschkonzert, wo man hört, was man gerne hat, sondern wie eine Fußballarena, die von Menschen lebt, die gut und gerne spielen. Es wird dort gerungen, geschubst und gelegentlich gefoult. Man kann nicht die Arena betreten, um mitzuspielen, und dann von der gegnerischen Seite verlangen, nicht auf sein Tor zu schießen. Man kann auch während des Spiels die Spielregeln nicht zu seinen Gunsten verändern. Ob man einen Elfmeter kriegt oder nicht entscheidet weder der Spieler noch seine Fans, sondern ein neutraler Schiedsrichter, der nicht nach seinen Emotionen und Vorlieben urteilt. Und hier liegt das Dilemma mit der Meinungsfreiheit: Viele wollen Spieler und Schiedsrichter zugleich sein. Sie wollen austeilen, können aber nicht einstecken. Oft sind diejeni-

gen, die sich über mangelnde Meinungsfreiheit beschweren, die-
selben, die die Freiheit anderer ohne Bedenken beschneiden würden, wenn sie die Spielregeln bestimmen können. Sie wollen sich
abfällig und diskriminierend über andere äußern dürfen, wollen
aber nicht als Rassisten bezeichnet werden.

Die freie Meinungsäußerung wird heute von rechts wie von
links in die Zange genommen. Während die Linke sich jahrzehntelang für Meinungsfreiheit und gegen Diskriminierung stark
machte, schränkt sie heute ebendiese Meinungsfreiheit durch
Sprachregelungen und Denkverbote ein – in dem Glauben, damit
Minderheiten schützen zu können. Ein wohlmeinendes Ansin-
nen, das aber unterfüttert wird mit einer vermeintlichen moralischen Überlegenheit der eigenen Position und damit zu einer
Disqualifizierung von abweichenden Meinungen als unmoralisch
führt. Genau diesen Punkt greift sich die politische Rechte heraus, wenn sie beklagt, man dürfe heute nicht mehr alles sagen.

Wenn die Linken einen Linken mit Migrationshintergrund nicht mögen

Als ich nach Deutschland kam dachte ich, die Linksliberalen
wären meine besten Verbündeten, denn ich vertrat damals genau
die gleichen Werte, die sie vertreten: Antiautoritäres Denken, Meinungsfreiheit, sexuelle Freiheit, Gleichberechtigung von Mann
und Frau und Religionskritik. Doch viele Linksliberale standen
eher meinen »Feinden« näher, nämlich den Islamisten und jenen
konservativen Muslimen, die die westlichen Werte verachten.
Wer diese Werte Arabern und Afrikanern vermitteln wollte, galt
für sie als Kulturimperialist. Islamisten werden von manchen gar
als Widerstandskämpfer gegen die Vormacht des Westens gesehen. In Wirklichkeit leisten Islamisten Widerstand gegen die
Werte der Freiheit, des Individualismus und der Menschenrechte.

Menschen wie ich und viele andere kritische Muslime oder Ex-Muslime werden als Störfaktoren betrachtet bzw. gebrandmarkt, wenn sie diese unheilsame Allianz kritisieren und sich dagegen wehren, Muslime als Opfer zu sehen. Migranten sind nicht nur Opfer, wenn sie von Teilhabe ausgegrenzt werden oder Rassismus ausgesetzt sind. Sie werden auch dann zu Opfern, wenn sie sich ihres Migrationshintergrunds nicht entledigen dürfen und Projektionsfläche bleiben.

Wir kritischen Muslime gelten als intolerante Hetzer, obwohl wir es sind, die der Universalität der Menschenrechte und den Werten der Aufklärung durch unsere Haltung eine Legitimation verleihen. Wir glauben an diese Werte, obwohl sie uns nicht in die Wiege gelegt wurden. Wir verloren Freunde und Familienmitglieder, weil wir diese Werte verinnerlicht und öffentlich verteidigt haben. Wir wurden mit dem Tode bedroht, ins Gefängnis gesteckt und einige von uns haben ihr Leben verloren, nur weil sie diese Werte in die Tat umgesetzt haben. Nur weil sie ihre Meinungen öffentlich kundgetan haben.

An meine linken Freunde will ich appellieren: Menschenrechte gelten nicht nur für weiße Europäer, sondern für alle Menschen. Kultur und Tradition sind wichtig für die Identität von Migranten, doch sie dürfen nicht zu einer Rechtfertigung werden für Gewalt gegen Frauen und die Indoktrinierung von Kindern. Kultur ist nicht per se eine schöne Sache. Es gibt auch Kulturen, die den Tod verherrlichen und die Freiheit verachten. Kritische Stimmen innerhalb der muslimischen Communities sind nichts anderes als die Dissidenten innerhalb der Sowjetunion, die seinerzeit die Gräueltaten der Kommunistischen Partei kritisiert haben. Auch damals haben viele Linke im Westen diese Dissidenten als Nestbeschmutzer kritisiert und im Stich gelassen, wofür sich viele heute schämen. Wollen wir die Freiheit verteidigen, dann müssen wir alle Feinde der Freiheit konsequent ächten und den Hass in ihren Reihen thematisieren, egal, aus welchem Lager sie kommen.

Was darf man heute eigentlich noch sagen?

Das ist eine Frage, die ich immer wieder höre. Meine eigenen Erfahrungen haben mir gezeigt: Man kann alles sagen, es kommt allerdings darauf an, in welchem Rahmen man das tut und ob man diesen Rahmen überhaupt bekommt. Unsere Debattenkultur ist gleichermaßen permissiv wie repressiv. Früher wurde ich von allen Parteien eingeladen, um Vorträge über den Arabischen Frühling zu halten. Im Jahr 2011 durfte ich sogar im Willy-Brandt-Haus den Impulsvortrag bei der Sozialistischen Internationalen in Anwesenheit von europäischen Regierungschefs halten. In den Medien wurde ich als »das Gesicht der Revolution« gefeiert. Doch mit der Veröffentlichung islamkritischer Bücher änderte sich das. Die Parteien der Mitte wandten sich von mir ab und lehnten eine offene Diskussion über meine Thesen ab, selbst wenn ihre Mitglieder dies forderten. Politische Stiftungen wie die Friedrich-Ebert-Stiftung und die Kirchen laden lieber Erdoğan-Anhänger und Islamisten ein als Religionskritiker. Natürlich dürfen und sollen auch diese ein Forum erhalten, um ihre Meinung zu sagen, solange sie dies auf dem Boden des Grundgesetzes tun. Wenn aber gleichzeitig Kritiker aus dem Diskurs verbannt werden, deutet dies auf eine Schieflage hin.

Ebenso fragwürdig ist es, wenn der Deutsche Kulturrat eine Talkshow-Pause fordert, weil vermeintlich die Demokratie in Gefahr sei. Hintergrund war eine Sendung von Sandra Maischberger Mitte 2018 zum Thema »Die Islamdebatte. Wo endet die Toleranz?«. Die Sendung war in den Medien und auf den sozialen Kanälen so heftig diskutiert worden, dass sich der Kulturrat zu dieser drastischen Forderung hinreißen ließ. Maischberger schrieb daraufhin in einem Beitrag in der *Zeit* zu Recht: »Wer aus Angst vor einem falschen Wort gleich die Debatte vermeiden will, überlässt erst recht denen die Bühne, die diese Angst (…) zu nutzen wissen.«[5]

Die Talkshows pausierten zwar nicht, doch seitdem gab es so gut wie keine Debatte mehr zum Thema Islam. Ich weiß nicht, ob die Skepsis der Deutschen gegenüber dem Islam dadurch gemildert wurde. Im Gegenteil. Wenn die Medien das Thema ausblenden, kann es umso mehr und einseitig von den Rechten vereinnahmt werden. Für deren Aufstieg machten die Vertreter des Kulturrates 2018 übrigens auch gleich das Fernsehen mitverantwortlich. Man gebe der AfD zu bereitwillig und zu häufig ein Forum. Hieße das im Umkehrschluss, die Partei würde von der Bildfläche verschwinden, wenn ihre Funktionäre nicht mehr eingeladen werden? Gesellschaftlichen Problemen und Umwälzungen kann man nicht begegnen, indem man die Debatte darüber einfach nicht führt.

Viele Medien sind nach wie vor bemüht, eine neutrale Plattform für kontroverse Meinungen zu bieten. Doch gibt es aus meiner Sicht die ungute Tendenz, sich in manchen Debatten in die Komfortzone zurückzuziehen und andere Haltungen wahlweise auszublenden oder als moralisch verwerflich abzustempeln.

Diese Scheu vor einer wirklich offenen Debatte lässt sich inzwischen auch in der Politik feststellen. Wichtige Entscheidungen wie Euro-Einführung, Grenzöffnung für Flüchtlinge und den UN-Migrationspakt fanden ohne nennenswerte gesellschaftliche oder parlamentarische Debatten statt. Wer diese Debatten verlangt, gilt mittlerweile schon als rechts. Wer Argumente aus alten Reden von Helmut Schmidt oder sogar Angela Merkel bezüglich Migration und Integration wiederholt, gilt schon als rechts. Auf der anderen Seite gilt man als »Linksgrünversiffter«, wenn man das Schicksal von Migranten, die im Mittelmeer ertrinken, nicht hinzunehmen gewillt ist. Hier das Pack, dort die Vaterlandsverräter. Der große Erfolg der AfD bei den Landtagswahlen in Thüringen und die darauffolgende Wahl des FDP-Fraktionschefs zum Ministerpräsidenten, auch mit den Stimmen der AfD, zeigt, dass unsere Demokratie in keinem guten Zustand ist. Und ich meine hier nicht nur den Erfolg der Rechten und die Bloßstellung der bürgerlichen Parteien durch einen Taschenspielertrick. Ich meine die Parteien der Mitte, die sich durch Überheblichkeit einerseits und Inkompetenz andererseits selbst zerlegen, um im Anschluss dann darüber zu jammern, dass die Ränder wachsen. Ich meine übertriebene Empörung von Politikern und Journalisten und die Radikalisierung ihrer Sprache. Aus dem Dammbruch wurde ein Tabubruch, und aus dem Tabubruch ein Zivilisationsbruch. Parallelen zur NS-Zeit wurden gezogen. ZDF-Chef Peter Frey eröffnete seinen Kommentar zur Wahl in Thüringen mit dem makabren Satz »Endstation Buchenwald«. Mit dieser Zuspitzung hatte er darauf hinweisen wollen, dass in Thüringen schon einmal – Mitte der 1920er-Jahre – nationalistische Kräfte ans Ruder gekommen waren, die den Nationalsozialisten den Weg ebneten. Zuspitzungen in Kommentaren sind legitim, man muss sich aber fragen, ob solche Analogien wirklich angebracht sind, gerade von Journalisten, die sonst viel Wert auf politische Korrektheit legen. 2019 von einer »Endstation Buchenwald« zu reden, relativiert einerseits die NS-Verbrechen und stellt andererseits das demokratische Bewusstsein aller Deutschen infrage. Das ist eine populistische Verkürzung, wie man sie sonst eher den Rechten vorwirft.

Dass die Demokratiefeinde aus allen Lagern ein leichtes Spiel haben und mehr Mobilisierungskraft auf sich vereinen als die Vertreter der politischen Mitte liegt vor allem an zwei Gründen: Erstens, weil sie einfache Antworten auf komplexe Fragen anbieten, und zweitens, weil ihre Gegner ihnen durch Dauerangriffe immer wieder eine Steilvorlage bieten, sich als Opfer darstellen zu können. Hinzu kommt, dass die Globalisierung die staatliche Autorität schwächt und ihre Handlungsfähigkeit einschränkt. Die sozialen Netzwerke wiederum schwächen die Glaubwürdigkeit der klassischen Medien. Die Mitte hat Angst vor dem Absturz, die Rechten haben Angst vor Migranten und die Linken vor den Rechten. Weihnachtsmärkte werden wie Festungen abgeriegelt,

Fußgängerzonen mit Pollern entstellt. Der Islamismus gewinnt immer mehr Anhänger, die Angst vor dem Terror wächst mit jedem erfolgreichen oder vereitelten Anschlag weiter. Der Hass gegen Migranten, vor allem Muslime, nimmt ebenfalls zu. Die klassischen Medien reden mehr über Rechtspopulismus und Klimawandel, die sozialen Netzwerke mehr über Terrorgefahr und Ausländerkriminalität. Viele Journalisten, die früher ihre Aufgabe darin gesehen haben, die staatliche Autorität zu kritisieren und zu korrigieren, sehen sich heute aus moralischen Gründen genötigt, die Autorität in Schutz zu nehmen, weil Regierungskritiker oft aus dem rechten Lager kommen. Statt den Herrschenden den Spiegel vor die Nase zu halten, klingen viele Beiträge eher wie die Statements eines Regierungssprechers.

Der demografische Wandel, die Globalisierung und die starken Migrationswellen führen zu Verschiebungen im Diskurs. Wir werden als Gesellschaft immer vielfältiger, doch die Meinungen werden einseitiger, polarisierender. Natürlich geht man hierzulande nicht ins Gefängnis für seine Meinung, aber oft wird man geächtet, isoliert oder mit belastenden Vorwürfen konfrontiert, wenn man beispielsweise als »Nazi« oder »Rassist« bezeichnet wird. Und zwar für Aussagen, die rational begründet sind. Oder man wird über die ach so sozialen Medien mit Todesdrohungen bedacht.

Eine Meinung wird zunehmend nicht mehr nach ihrer logischen Konsistenz beurteilt, sondern nach ihrem ethischen Gehalt. Auch wem diese Meinung hilft oder schadet, entscheidet darüber, ob sie von bestimmten Leuten als richtig oder falsch eingeordnet wird. So wird sachliche und begründete Religionskritik oft als Hassrede oder Polemik abgestempelt, nur weil die Rechten daraus Kapital schlagen könnten oder die Muslime insgesamt dadurch diffamiert werden könnten. Behauptungen wie »Der Islam gehört zu Deutschland« oder »Der Islam ist die Religion des Frie-

dens« werden dagegen in vielen klassischen Medien unhinter-
fragt übernommen. Gerade in der Debatte über Migration und
Islam hat eine Gesinnungsethik den Vorrang vor Verantwortungsethik. All das ist ein Ausdruck von Unsicherheit und Mangel an demokratischem Bewusstsein. Man traut sich selbst und
den Migranten keine ehrliche Debatte zu, weil man sowohl vor
der Reaktion der Muslime als auch der Rechten Angst hat. Und
dies ist aus meiner Sicht der Hauptgrund für die Verengung des
Diskursraums und den Mangel an Meinungsfreiheit: Unsicherheit und Angst vor dem Kontrollverlust.

Dennoch ist die Sache mit der Freiheit viel komplizierter, als
dass man nur eine Seite für den abnehmenden Meinungspluralis-
mus verantwortlich machen könnte. Mit der Freiheit ist es wie mit
der Kultur: Es ist eine Geisteshaltung, eine Denkweise und eine
Lebensweise. Die Deutschen hatten immer eine sehr komplizierte
Beziehung zur Freiheit. Zwar war das Pathos von Selbstbestimmung und Selbstverantwortung immer wichtig, doch die Freiheit
in ihrer Ganzheit, jenseits der eigenen Meinung und der eigenen
Interessen, war hierzulande kein wirklich hohes Gut. Ordnungs-
sinn und Obrigkeitsdenken wurden lange viel höher geachtet als
libertäres Denken. Auch heute noch ist diese Haltung für viele
Deutsche aus allen Lagern bezeichnend. Freiheit im Sinne von
Voltaire und John Stuart Mill ist aus zwei Kulturen entstanden
(USA und Frankreich), die den Deutschen bis zum Zweiten Weltkrieg als Antithese zur deutschen Identität galten. Nach dem
Krieg haben der Staat und die Institutionen sehr viel für die Aufarbeitung und die Wiedergutmachung getan, doch der Impuls
dazu kam weniger aus der breiten Masse der Bevölkerung. Es war
die 68er-Bewegung, die dafür sorgte, dass das lange Schweigen
und Verdrängen beendet wurde. Viele Bürger hatten damals
wenig Verständnis für diese »Nestbeschmutzer«, eine umfassende
gesellschaftliche Debatte, wie man jenseits von Schuld und Sühne
mit der Last der Vergangenheit umgehen sollte, kam nur schlep-

pend in Gang. Und sie wurde, wie heute, entlang ideologischer Grenzen geführt.

Auch der lange Schatten der Vergangenheit trägt zur Verkrampfung von Debatten bei. Man hat Angst, etwas Falsches zu sagen, eine moralische Niederlage zu erleiden. Man fürchtet sich vor jenen, die die Katastrophe von damals relativieren und bestimmte nationalistische und rassistische Überzeugungen rehabilitieren wollen. Man reagiert mit Empörung und Angst vor der Entfesselung der alten Geister, ohne deren Anhänger durch Argumente oder politische Arbeit zu entlarven. Wer sie reflexartig in eine Ecke stellt, bestärkt sie nur in ihren Überzeugungen.

Diejenigen, die zu solchen Entwicklungen schweigen, sorgen dafür, dass das Geschrei der Rassisten nur lauter zu hören ist. Und diejenigen, die auf die Feinde der Demokratie ihrerseits mit Geschrei antworten, schaukeln diese nur noch höher. Die wütenden Schreihälse glauben ja ohnehin, dass »die da oben« ihr Land verraten und verkauft hätten, und fühlen sich in ihrer Haltung bestätigt, wenn diese nur mit moralischer Empörung reagieren.

Der wichtigste Aspekt der Freiheit aber ist aus meiner Sicht der folgende: Wenn die Freiheit in Gefahr ist, dann sind nicht die Islamisten, nicht die Rechten, die Linken oder »die da oben« dafür verantwortlich, sondern wir alle. Wenn wir glauben, dass unsere Freiheit von allen anderen abhängig ist, aber nicht von uns selbst, dann sind wir es, die diese Freiheit aufgeben. Wenn wir Freiheit selbstbewusst leben, dann werden wir auch in der Lage sein, sie selbstbewusst zu verteidigen. Dazu gehört das Wissen, dass eine selbstbewusste, aufgeklärte Auseinandersetzung mit den Feinden der Demokratie diese nicht schwächt, sondern stärkt. Was sie schwächt, ist vielmehr der Glaube, dass wir abweichende Meinungen sanktionieren müssen, in der irrigen Annahme, damit die Freiheit zu verteidigen. Oder dass wir uns aus Furcht vor solchen moralischen Sanktionen nicht trauen, unsere Meinung öffentlich zu sagen. Dann werden wir nach Sündenböcken suchen und sie für die fehlende Freiheit verantwortlich machen. Klingt das vertraut?

Meine bescheidene Erfahrung im Leben hat mich gelehrt, dass ein Mensch, der innerlich nicht frei ist, die äußerliche Freiheit weder erkennen noch genießen kann. Wut, Hass, Polarisierung und die ständige Suche nach Schuldigen sind Zeichen dafür, dass man unfrei und unsicher ist und im Außen nach Konflikten sucht, die den inneren Konflikt füttern und die eigene Unsicherheit verschleiern. Und auch, wenn die Konflikte von außen kommen, gilt die Maxime: Wer sich selbst gut kennt und seiner sicher ist, wird nicht erschüttert, wenn er von außen infrage gestellt wird. Wer die Freiheit zur Geisteshaltung und zum Lebensstil macht, dem kann diese Freiheit nicht genommen werden. Es liegt an uns, nicht an »den anderen«, sie selbstbewusst zu leben und zu verteidigen. Und es liegt an uns, wenn sie beschnitten wird. Weil wir schweigen oder sie als etwas allzu Selbstverständliches sehen.

Kapitel 6

Der Kniefall vor der Unfreiheit: Wie Wut und Hass die Demokratie vergiften

Seit 1990 wurden über 200 Menschen in Deutschland Opfer rechtsextremer Gewalttaten.[1] Oft wurden die dahinterstehenden rassistischen Motive erst viel später aufgeklärt. Anschläge auf Migranten- und Asylantenunterkünfte, die NSU-Morde, das Attentat auf den Kasseler CDU-Politiker Walter Lübke, die Anschläge von Halle und Hanau sind nur einige Beispiele. Im Februar 2020 wurde eine Zelle von zwölf Rechtsterroristen aufgedeckt, die Anschläge auf Moscheen plante. Synagogen, Moscheen und andere Einrichtungen brauchen Polizeischutz.

In Moscheen wiederum beten wie Märtyrer gekleidete Kinder für türkische Soldaten, die Kurden in Syrien angreifen. Mehrere islamistische Anschläge wurden in Deutschland in letzter Minute vereitelt. Politiker auch auf lokaler Ebene sehen sich zunehmend bedroht, ihr Engagement beispielsweise für Flüchtlinge führt dazu, dass sie selbst zur Zielscheibe von Hass und Gewalt werden.

Rechtsradikalismus, Islamismus, Rassismus, Antisemitismus wachsen exponentiell. All das konnten weder Erinnerungskultur und Schuldbewusstsein noch der mahnend-moralisierende Diskurs verhindern. Was läuft da schief? Was sind mögliche Beschleuniger dieser Entwicklung?

Die Brandstifter von der »Bürgerpartei«

Viele Politiker, Journalisten und Intellektuelle sehen in den Ver-
lautbarungen einiger AfD-Politiker einen Grund für den Hass.
Doch dieser Hass und damit die Polarisierung reicht weiter zurück. Zudem geschahen viele Morde und Gewalttaten, die auf das
Konto rechter Täter gehen, bevor es die AfD gab. Die Partei ist
letztlich ein Produkt dessen, was sich in Deutschland politisch
und gesellschaftlich bis 2015 ereignet hat, auch wenn ihr Erfolg
maßgeblich mit den Entwicklungen seit der Flüchtlingswelle zu
tun hat. Die Schuld also maßgeblich auf die AfD zu schieben,
greift nicht nur zu kurz, es ist auch gefährlich. Denn dadurch verlagert man das ganze Problem auf einen politischen Feind, und
das ist genau die Methode, der sich die AfD selbst bedient. Die
Suche nach einem Sündenbock ist eine Flucht vor der politischen
und moralischen Verantwortung.

Gleichwohl ist eine Mitverantwortung der AfD in den vergangenen Jahren nicht von der Hand zu weisen. Wenn der AfD-Politiker Sandro Hersel in einem Chat äußert: »Brennende Asylan-
tenheime sind kein Akt der Aggression, sondern ein Akt der
Verzweiflung gegen Beschlüsse von oben«, dann kann man nicht
sagen, die AfD hätte nichts damit zu tun, wenn Flüchtlingsunter-
künfte wieder brennen.

Wenn Marcel Grauf, Referent der AfD-Abgeordneten Chris-
tine Baum und Heiner Merz, auf Facebook äußert: »Immerhin
haben wir jetzt so viele Ausländer im Land, dass sich ein Holocaust mal wieder lohnen würde«, und wenn er weiterhin sagt:
»Ich würde niemanden verurteilen, der ein bewohntes Asylanten-
heim anzündet«, dann gibt es eine Verantwortung.

Und wenn Dieter Görnert von der AfD rät: »Das Pack erschie-
ßen oder zurück nach Afrika prügeln«, dann stecken dahinter
klar rechtsradikale Ansichten, die den Tatbestand der Volksver-
hetzung erfüllen. Das ist purer Hass und keine Politik, auch wenn

Jörg Meuthen in der ZDF-Sendung »Berlin direkt« vom 23. Juni 2019 betonte, die AfD trage in »keiner Weise« eine Mitverantwortung für die Verrohung der Gesellschaft, sie mache dieser Gesellschaft vielmehr ein »friedliches alternatives Politikangebot«.

Eine Partei, die der Öffentlichkeit vermitteln will, sie sei eine »fest auf dem Boden des Grundgesetztes stehende Bürgerpartei« (Alice Weidel), darf eine solche Sprache und eine solche Gesinnung in den eignen Reihen nicht dulden. Weil eine wirkliche, klare Abgrenzung zu rechtsradikalen Positionen – wenn überhaupt – nur halbherzig erfolgt, muss den Wählern, die dieser Partei ihre Stimme geben, klar sein, dass sie damit in Kauf nehmen, dass diese Denkweise die Politik in Deutschland künftig mitbestimmen wird. Die Phase der »Protestwahlen« sollte längst vorbei sein, und mit ihr das Gerede vom »Denkzettel-Verpassen für die da oben«. Wer heute die AfD wählt, kann nicht mehr sagen, er habe davon nichts gewusst. Er muss sich den Vorwurf gefallen lassen, jene Auffassungen, die Demokratie und freiheitlichen Grundrechten zuwiderlaufen, zumindest zu tolerieren.

Auch wenn sich einzelne AfD-Politiker von Aussagen wie den oben zitierten distanzieren, und auch wenn diese Partei doch so ernsthaft zu vermitteln versucht, wie bürgerlich sie sei, bleibt die Frage, warum Anhänger solchen Gedankengutes in dieser Partei eine Heimat finden konnten. Daran ändert auch die Auflösung des sogenannten Flügels im Frühjahr 2020 nichts. Das Netzwerk und die Gesinnung seiner Mitglieder werden bleiben, fürchtet auch Georg Maier, Innenminister in Thüringen: »Jüngste Äußerungen von Höcke und weiteren Flügel-Anhängern lassen darauf schließen«, so der SPD-Politiker. »Höcke und Kalbitz – um nur zwei zu nennen – werden weiterhin rechtsextremistische Positionen vertreten und ihre innerparteilichen Kritiker ›ausschwitzen‹ wollen, wie Höcke es erst vor wenigen Wochen formuliert hat«[2], meint Professor Hendrik Hansen von der Hochschule des Bundes für öffentliche Verwaltung.

Wenn gemäßigte Kräfte die Partei mit dem Verweis auf die zunehmende Radikalisierung verlassen, geben sie das Feld ebenjenen Kräften preis, deren Haltung sie weit rechts verorten. Und solange die Partei als Katalysator und Beschleuniger von Wut und Hass dient und solange sie rechtsradikale Tendenzen in den eigenen Reihen nicht entschiedener bekämpft, darf sie sich nicht beschweren, dass die gesamte Partei vom Verfassungsschutz als Prüffall eingestuft wird und dass Teile der Partei unter Beobachtung stehen. Daran dürfte auch die derzeitige Causa Kalbitz nichts ändern. Zwar ist Kalbitz inzwischen von seinem Amt als Fraktionsvorsitzender in Brandenburg zurückgetreten, doch ob das angestrebte Parteiausschlussverfahren aufgrund seiner Mitgliedschaft bei der neonazistischen »Heimattreuen Deutschen Jugend« und anderer Organisationen juristisch haltbar ist, bleibt abzuwarten. Die Tatsache, dass der Fall den Parteivorstand vor eine Zerreißprobe gestellt hat zeigt, wie brüchig das demokratische Antlitz dieser Partei ist, wie schwierig die Richtungsfindung zwischen gemäßigt und radikal.

Das »Richtige« hassen

Auf der anderen Seite des politischen Spektrums bedienen sich manche leider ähnlicher Mittel: Es wird ausgegrenzt, mit Ressentiments gearbeitet, gehasst. Die Verteidiger der Meinungsfreiheit, die Schützer von Minderheiten, die Bannerträger von Toleranz und Freiheit der anderen im Sinne Rosa Luxemburgs reagieren auf politischen und religiösen Extremismus nicht mit inhaltlicher Auseinandersetzung, sondern ihrerseits mit Diskursverengung, ja sogar -verweigerung.

Sie bedienen sich der gleichen Logik, die man der AfD mit gutem Grund vorwirft. Sie polarisieren, polemisieren und verwenden sogar fast die gleiche Sprache. Sie sind gefangen in einem

Freund-Feind-Denken und glauben, durch Kontrolle der Meinungen, durch die Deutungshoheit über Richtig und Falsch den Rechtsradikalismus und den Hass bekämpfen und die Freiheit und die Rechte der Minderheiten schützen zu können. In Deutschland hat diese Verengung des Diskursraums aber eben nicht zur Schwächung, sondern eher zur Stärkung des rechten Randes geführt.

Inzwischen lässt sich sogar feststellen, dass Vertreter des linksliberalen Lagers, die sich selbst gerne als aufrechte Kämpfer gegen Hass und Ausgrenzung geben, Hass und Ausgrenzung als Mittel der Politik zu verstehen scheinen. So schrieb eine NDR-Redakteurin nach den Landtagswahlen 2019 auf ihrem Twitter-Account: »In Thüringen werde ich ab morgen bedenkenlos jedem fünften Menschen, der mir begegnet, einfach eine reinhauen.« Sie meinte damit jene gut 23 Prozent der Thüringer, die der AfD ihre Stimme gegeben hatten. Der Post ist inzwischen gelöscht, allerdings nicht, weil die Redakteurin den Inhalt als totalen Missgriff eingesehen hätte, sondern weil ihr »Gesicht viel zu schön für Nazi-Timelines« sei.[3]

Im Deutschlandfunk wurde ein Beitrag gesendet, in dem der Journalist Jens Balzer empfahl: »Wir müssen wieder hassen lernen, und zwar richtig.« Balzer plädiert dafür, den Hass auch als politische Ressource zu begreifen, die man nicht allein den Feinden der Demokratie überlassen solle: »Wer glaubt, dass Hass generell von gestern ist, der glaubt auch an die Unumkehrbarkeit der Geschichte und der demokratischen Zivilisierung. Dass dieser Glaube ein Irrglaube ist, wenigstens diese Einsicht sollte sich inzwischen durchgesetzt haben.«[4]

Der Hass auf die Rechten soll also als Mittel verwendet werden, um den Hass aus den Reihen der Rechten zu bekämpfen?

Diesem Gedanken scheint auch der frühere *Spiegel*-Journalist Hasnain Kazim anzuhängen, der nach der Landtagswahl auf Twitter Folgendes veröffentlichte: »Es geht nicht darum, AfD-Wählerinnen und AfD-Wähler zu erreichen. Es geht darum, sie auszugrenzen, zu ächten, sie kleinzuhalten, ihnen das Leben schwer zu machen, sie dafür, dass sie Neonazis und Rassisten den Weg zur Macht ebnen wollen, zur Verantwortung zu ziehen.«[5]

Diese Äußerungen sind für mich nicht Ausdruck des Kampfes um die Freiheit, sondern ein Kniefall vor den Feinden der Freiheit. Wenn sie es schaffen, dass wir so werden wie sie, wenn wir uns der gleichen Mittel bedienen – der Ausgrenzung und dem Hass – bestätigen wir nicht nur das Weltbild der AfD-Anhänger. Viel schlimmer ist, dass wir den Kampf damit längst verloren haben. Wenn wir unfähig sind, ihnen auf der politischen und medialen Bühne argumentativ zu begegnen, wenn es uns nicht gelingt, ihre Gesinnung durch sachliche Auseinandersetzung zu entlarven, dann fliehen wir vor unserer politischen und bürgerlichen Verantwortung. Wenn wir uns der Diffamierung als Mittel bedienen, wenn wir moralisieren und ächten, statt zu überzeugen, machen wir sie nur noch stärker dadurch. Denn unsere Empörung ist für sie ja willkommene Publicity. Und Tweets wie die oben zitierten machen es ihnen leichter, die Medien als »Lügenpresse« zu diffamieren.

Offenbar meiden wir die Öffnung der Debatte für abweichende Meinungen, weil wir Angst vor der Spaltung haben, die wir genau dadurch befördern. Oder meiden wir diese Öffnung, weil wir immer noch nicht darauf vertrauen, ein ausreichend starkes demokratisches Bewusstsein entwickelt zu haben, das uns ermöglicht, mehrere Meinungen nebeneinander stehen zu lassen? Eigentlich war es eine Stärke der deutschen Demokratie, nach einer Phase des Anhörens und Debattierens verschiedener Standpunkte zu einem Konsens zu gelangen. Diese Stärke sollten wir uns dringend wieder ins Gedächtnis rufen. Ein Meinungsdiktat, egal von welcher Seite, führt zu einer Schwächung der Demokratie und einer weiteren Spaltung der Gesellschaft.

Streitkultur bedeutet, nicht nur die eigene Meinung sagen zu dürfen, sondern sich abweichende Meinungen auch anzuhören.

Ohne ideologische Scheuklappen, ohne den anderen von vornherein abzulehnen, nur weil er oder sie einer bestimmten politischen Richtung oder Denkschule zugerechnet wird. Ein Gespräch setzt voraus, dass auch der andere recht haben könnte, betonte der Philosoph Hans Georg Gadamer vor Jahren in einem *Spiegel*-Interview.[6] Andernfalls wäre das Ergebnis, dass jede unbequeme Meinung entweder zur Spaltung oder zum voreiligen Konsens führt, der dem Ernst der Probleme, über die wir streiten (müssen), nicht gerecht wird. Ein Konsens ohne einen fairen, zivilisierten Streit ist nur ein fauler Kompromiss, der später Demagogen die Tür öffnen wird. So gewähren wir beispielsweise Religionsfreiheit, diffamieren Religionskritik aber als bigott, populistisch und gefährlich für das Zusammenleben. Doch Religionsfreiheit ohne Religionskritik öffnet die Tür für vermeintlich moralische Überlegenheit, Abschottung und Fanatismus, die wirklich eine wahre Gefahr für das Zusammenleben darstellen. Und so ebnen wir auch den Weg für neue Parteien, diskriminieren aber gleichzeitig jene Bürger, die sich für diese Parteien entscheiden.

Hass kann entstehen aus Hilflosigkeit, Sprachlosigkeit oder aus Angst, die in Paranoia mündet. Wer hilflos ist, will sich selbst ermächtigen und braucht dafür ein Sprachrohr und einen Sündenbock. Die Rechten sind der Auffassung, Migration und »Überfremdung« seien die Wurzel allen Übels. Die Linksliberalen meinen, die AfD und die rechte Ideologie seien das eigentliche Problem. Dabei ist aus meiner Sicht das eigentliche Problem Entfremdung und Unsicherheit: Es fehlt der Raum, wo die eigene Identität, die eigene politische Haltung, die eigene Religion und das eigene Weltbild aller Mitglieder der pluralistischen Gesellschaft eine Geltung hat. Fast jede Haltung oder Gruppierung legitimiert sich dadurch, dass sie sich von anderen abgrenzt oder sie ablehnt und als Gefahr sieht. Das gilt für die Rechten wie für die Linken, für Muslime wie für Christen, für Umweltschützer und Klima-Verschwörungstheoretiker. Unsicherheit und Entfremdung verstecken sich hinter einer narzisstischen Maske, die jede Form von Empathie und Verständnis für die andere Position ablehnt und gleichzeitig den Hass und die Abgrenzung als Selbstschutz feiert.

Hass als Ausdruck heiligen Zorns

Rechte Konzepte wie »Ethnopluralismus« ignorieren die Lebenswirklichkeit von Millionen Menschen mit Migrationshintergrund. Der linksliberale Multikulturalismus ignoriert Sorgen und Ängste jener Mitbürger ohne Migrationshintergrund, die durch die Auswirkungen der Globalisierung und der Digitalisierung noch verstärkt werden.

Wir haben fast sechs Millionen Muslime in Deutschland. Bei der letzten Bundestagswahl 2017 haben genauso viele Wähler der AfD ihre Stimme gegeben. Die rechten Phantasten müssen begreifen, dass sie die sechs Millionen Menschen muslimischen Glaubens weder außer Landes schaffen noch ihre Bürgerrechte beschneiden können. Ebenso müssen die linksliberalen Phantasten begreifen, dass sie sechs Millionen AfD-Wähler weder ausgrenzen noch daran hindern können, ihre politische Meinung kundzutun, indem sie einer Partei ihre Stimme geben, die zu Wahlen zugelassen ist. Wobei Rassismus, Ressentiments und Hass bekanntlich keine Meinungen sind. Schon gar nicht sollten sie zum politischen Instrumentarium gehören.

Um die Entfremdung und Spaltung zu überwinden, sollten wir – die Mitte – versuchen, den Diskurs von den Rändern zurückzuerobern und wieder für alle zu öffnen, die sich daran beteiligen wollen. Dafür sind allerdings klare Spielregeln nötig. Die wichtigste Regel sollte lauten: Keine Meinung ist per se richtig oder falsch, nur weil sie aus einer bestimmten Richtung kommt. Es gilt der zwangslose Zwang des besseren Arguments.

Das Lagerdenken muss aufhören. Weder sind alle Muslime potenzielle Terroristen, noch sind alle AfD-Wähler Rechtsradikale. Aber wer zu solchen Diffamierungen schweigt, macht sich mitschuldig!

Solange aber jede Seite den Hass und die Gewalt der anderen thematisiert, aber zum Hass und zur Gewalt in den eigenen Reihen schweigt oder diese relativiert, werden wir das Problem nicht lösen. Wir werden nicht erkennen können, dass Hass an sich das Problem ist, nicht nur der Hass, der von der jeweils anderen Seite kommt. Genau das geschieht aber beinahe reflexartig: Man muss nur die Reaktionen der Rechten nach einem islamistischen Anschlag und die Reaktionen der Linken nach einem rechtsradikalen Anschlag miteinander vergleichen. Hier Empörung, dort Relativierung oder Schweigen. Auf rechtsradikale Anschläge reagieren viele Muslime zu Recht mit Empörung, sehen den Täter aber oft – zu Unrecht – stellvertretend für den Westen, der den Islam und die Muslime vernichten will.

Ist der Täter selbst ein Muslim, dann ist er ein Einzeltäter, der mit dem Islam nichts zu tun hat, selbst wenn er Koranpassagen zur Rechtfertigung seines Anschlags heranzieht. Dieser Einschätzung folgen oft auch linke und liberale Kräfte, in dem irrigen Glauben, dadurch könnten sie Muslime vor Hass und Ausgrenzung schützen. Die Gefahr solcher Taten zu verharmlosen ist ebenso verfehlt, wie alle Muslime unter Generalverdacht zu stellen.

Man grenzt sich ab von anderen Positionen oder Gruppierungen, mit der Begründung, dass diese sich abgrenzen und Hass verbreiten würden. Aber den Hass und die Abgrenzung in den eigenen Reihen sieht jede Seite quasi als heiligen Zorn, der eine Legitimation im Hass der anderen hat. Man glaubt, den Hass bekämpfen zu können, indem man den anderen ächtet und sich über dessen Hass empört. Dadurch schaukelt man sich gegenseitig nur hoch und verstärkt den Hass. Denn die Empörung der anderen wirkt wie ein Rauschmittel für die kritisierte Seite, die wiederum für die Kritiker nur Verachtung übrighat. Eine Spirale, die dringend durchbrochen werden muss.

Wie gesagt, Wut und Hass sind Ersatzgefühle, die jene von Angst, Unsicherheit und Gebrochen-Sein verdecken sollen. Wer sich seiner Identität oder seiner Position sicher ist, wer das Gefühl hat, dass er gehört und verstanden wird, braucht nicht zu brüllen und nicht auf Anfeindung zu setzen. Das muss nur der tun, der den langen Weg der Selbstvergewisserung durch Reflexion und den Austausch von Argumenten nicht gehen will. Wer die Lösung nicht im Dialog sucht, sondern in der Aufrechterhaltung des Konflikts, der will nur vom eigenen Versagen ablenken!

Es ist höchste Zeit, verantwortungsethisch und nicht ideologisch eingefärbt zu handeln und die wirklichen Ursachen für den Hass zu benennen, unabhängig davon, von welcher Seite er kommt und in welches Gewand er sich kleidet. Es gibt keinen guten und keinen schlechten Hass, und schon gar keinen gerechten. Hass ist das Mittel derer, die weder Selbstbewusstsein noch Konzepte haben!

Gespräch mit einer Hassfigur

Seit Jahren läuft die Debatte über den Islam, die Migration und die Integration in Deutschland nicht über Argumente, Konzepte und Gegenkonzepte, sondern oft über Hassfiguren. Jede Seite meint, die entsprechenden Symbolfiguren gefunden, die Schuldigen ausgemacht zu haben. Für die Linksliberalen sind das beispielsweise Thilo Sarrazin, Björn Höcke oder die marschierenden Wutbürger von Pegida. Für die Rechten sind das Angela Merkel, Claudia Roth und Dunja Hayali. Für Muslime sind es Islamkritiker, für Islamkritiker sind es Figuren wie Ayman Mazyek, Vorsitzender des Zentralrates der Muslime. Das ist ziemlich bequem, denn wenn die anderen die Schuld tragen, muss man selbst nichts tun, außer sich über diese zu beschweren.

In Berlin treffe ich mich mit einer jungen Politikerin, die fast von allen Seiten angefeindet wird, zum einen, weil sie so recht in keine Schublade passen mag, und zum anderen, weil sie eine Meisterin der Provokation ist. Die Rede ist von Sawsan Chebli, Berliner Staatssekretärin für bürgerschaftliches Engagement. Ihre palästinensischen Eltern waren 1970 auf der Suche nach Asyl nach Deutschland gekommen; Sawsan wuchs in Berlin-Moabit als jüngstes von 13 Geschwistern auf. 15 Jahre lang war sie eine Staatenlose, erst 1993 erhielt sie die deutsche Staatsbürgerschaft.

Mit zwölf älteren Geschwistern aufzuwachsen bedeutet, dass man lernen muss, sich lautstark behaupten zu können, um gehört zu werden. Als ich sie frage, ob hier das Geheimnis ihrer Durchsetzungskraft liege, muss sie schmunzeln. Viel schwieriger sei es gewesen, sich in der Männerwelt der Politik durchzusetzen. Manche Politiker hätten immer noch Schwierigkeiten damit, eine junge Frau als politische Führungskraft ernst zu nehmen, meint sie.

Dass die Rechten Sawsan Chebli nicht mögen, liegt daran, dass ein Großteil ihrer Twitter-Beiträge sich direkt gegen die AfD richtet, außerdem verkörpert sie all das, was es nach deren Vorstellungen eigentlich nicht geben kann. Chebli sagt, sie habe sich zu einer Hassfigur für die Rechten entwickelt, weil sie alles widerlege, »was die Rechten über Muslime behaupten. Weil ich zu meiner Religion stehe, sie auch praktiziere, und weil ich zeige, dass es kein Widerspruch ist, Muslima zu sein, ein Flüchtlingskind und trotzdem erfolgreich und frei zu sein.«

Dass ihr aber nicht nur von dieser Seite Hass und Kritik entgegenschlägt, sondern auch von linken SPD-Kollegen, von einigen deutschen Juden und selbst von manchen Muslimen, mag erstaunen. Chebli hat dafür eine Erklärung: Hinter den Ressentiments aus den eigenen politischen Reihen sieht sie einen Mix aus vielen

Faktoren. Da spielten sicherlich auch Neid und Missgunst eine Rolle. »Es war immer so in meinem Leben: Ich habe viele Fans, Menschen, die an mich glauben, mich unterstützen. Auf der anderen Seite gibt es etliche Leute, die nichts mit mir anfangen können. Das ist bei allen Menschen so, die präsent und sichtbar sind, eine Stimme haben und diese lautstark erheben.«

Warum einige Muslime sie toll finden und andere sie hassen, dafür hat sie ebenfalls eine plausible Erklärung. Sie versuche, jungen konservativen Muslimen eine Stimme zu geben, ihnen zu zeigen, dass sie ihre Identität nicht aufgeben müssen, dass Muslim-Sein und Deutsch-Sein kein Widerspruch ist. Sie gibt ihnen eine Stimme, die sonst nicht wahrnehmbar ist. Dafür seien ihr viele dankbar.

Kritiker hingegen werten ihren Einsatz als Zeichen, dass Chebli versuche, den konservativen Islam in Deutschland hoffähig zu machen. Das belegten auch Äußerungen der Sendung von Markus Lanz am 29. November 2016, in der Chebli sagte, jede Frau, die sich für ein Kopftuch entscheide, müsse das Recht haben, eines zu tragen. Ebenso die Äußerung in einem *FAZ*-Interview, dass die Scharia insofern mit dem Grundgesetz kompatibel sei, als sie zum größten Teil das Verhältnis zwischen Gott und den Menschen regele.[7]

Wegen solcher Sätze sehen Parteigenossen wie Erol Özkaraca oder Lale Akgün Cheblis Position als Staatssekretärin kritisch. Chebli selbst sagt zu diesem Vorwurf: »Was heißt denn konservativer Islam? Weil ich bete, faste und keinen Alkohol trinke, Frauen das Recht zugestehe, ein Kopftuch zu tragen, und Feminismus für mich nicht bedeutet, Frauen zwanghaft entschleiern zu wollen, bin ich noch lange nicht konservativ. Mich haben diese Labels schon immer genervt. Und ich wehre mich dagegen, in eine Schublade gesteckt zu werden. Ich habe das Gefühl, es geht bei all diesen Debatten auch um Meinungsführerschaft unter Muslimen, die die Integrationsdebatte dominieren wollen.«

Wie sehr sie polarisiert, sieht man auch dran, dass ihre Tweets tagelang diskutiert werden. Schreibt die AfD auf Wahlplakate, dass der Name »Mohammed« bald zum beliebtesten Vornamen in Deutschland werden wird, kontert sie: »Mein Vater hieß Mohammed. Ich heiße Sawsan Mohammed Chebli. Mein ältester Neffe heißt Mohammed. Meine Nichte hat ihrem Sohn den Namen ihres Opas Mohammed gegeben. Kurzum: Wir werden schon dafür sorgen, dass dieser Name nie verschwindet!«

»Wir Muslime« – gleichzeitig kann sie sich furchtbar darüber aufregen, dass sie ständig gefragt wird, woher sie kommt. Sie will nicht auf ihre Herkunft reduziert werden, gleichzeitig thematisiert sie diese, sofern die Gelegenheit opportun erscheint. Es ist eine Karte, die je nach Belieben gezückt wird. Dass Chebli von allen Seiten so heftig angegangen wird und für viele eine Reizfigur ist, das finde ich nicht in Ordnung. Ebenso wenig in Ordnung finde ich aber, dass sie Hass und Rassismus oft auch da ausmacht, wo es überhaupt keine Anzeichen dafür gibt. So war sie zum Beispiel höchst empört darüber, dass eine Flugbegleiterin sie bei einem Inlandsflug auf Englisch angesprochen hat. Darin sah sie ein Indiz für Rassismus. Dabei ist Englisch die schnellste und einfachste Möglichkeit, mit Passagieren aus aller Welt problemlos zu kommunizieren.

Meine frühere Kritik an ihr nannte sie »Hetze«, obwohl ich sie nur sachlich und mit Belegen unterfüttert dafür kritisiert hatte, dass sie mit Vereinen zusammenarbeitet, die Erdoğan finanziell oder den Muslimbrüdern theologisch und emotional nahestehen. Als wir uns Ende vergangenen Jahres zufällig im Springer Verlag trafen, begrüßte ich sie dennoch freundlich. Schließlich hatten wir uns schon vor zehn Jahren bei der Islamkonferenz kennengelernt und sie hatte mich später auch eingeladen, um mit jungen gläubigen Muslimen über meine Islamkritik zu diskutieren. Meine Begrüßung im Springer-Haus erwiderte sie eher frostig mit den Worten: »Es wäre schön, wenn Sie aufhören würden, gegen mich zu hetzen!«

Ich war einen Moment lang irritiert und schlug ihr dann vor, ein Interview mit mir zum Thema Hass und Hetze für mein aktuelles – also dieses – Buch zu führen. Sie willigte ein und deswegen sitzen wir nun in Berlin zusammen. Ich wollte dieses Interview mit Sawsan Chebli führen, um sie zu verstehen. Einige ihrer Befürchtungen sind ohne Zweifel legitim und nachvollziehbar, andere scheinen mir übertrieben zu sein, betrachtet durch die Brille eines Menschen, der einen langen Weg mit Anfeindungen und Ausgrenzung hinter sich hat.

Während unseres Gesprächs in Berlin streiten wir auch über das Thema Nationalismus und Erinnerungskultur. Ich bin der Auffassung, dass es für das Zusammenleben gesünder sei, wenn die Deutschen einen positiveren Zugang zu ihrem Nationalbewusstsein hätten. Darin sähe ich einen guten Schutz gegen den radikalen Nationalismus, der meiner Meinung nach immer mehr Anhänger fände, wenn die nationale Identität ständig verteufelt werde. Chebli dagegen sagt: »Früher dachte ich auch, es wäre schön, wenn die Deutschen stolzer wären auf ihr Land. Ich fühlte mich mit den deutschen Nationalsymbolen wie der Flagge und der Nationalhymne verbunden. Heute sehen wir, wie immer mehr Menschen, Schlussstrichdebatten führen möchten und gesunder Patriotismus in gefährlichen Nationalismus rutscht.«

Zum einen hat sie recht, dass viele im Namen des Patriotismus Fremdenhass und Relativierung der Geschichte salonfähig machen wollen. Zum anderen übernimmt sie das Bild des Deutschen als »trockener Alkoholiker«. Sie prangert oft zu Recht an, dass viele Deutsche Muslime unter Generalverdacht stellen würden, sie tut aber fast das Gleiche mit den konservativen oder patriotischen Deutschen, indem sie diese zu potenziellen Nazis abstempelt, unfähig zu einem »gesunden Patriotismus«.

Genau dieses gegenseitige Misstrauen ist eines der Hauptprobleme: Denn wie können Menschen friedlich miteinander zusammenleben, wenn sie voneinander das Schlimmste erwarten?

Und damit wären wir wieder beim Kernthema nicht nur dieses Buches angelangt. Wie kann eine Verständigung gelingen? Sie scheitert daran, dass ein fairer, ehrlicher Diskurs fehlt. Der Diskurs fehlt, weil Vertrauen nicht vorhanden ist. Das Vertrauen fehlt, weil jede Seite die andere anklagt, ohne sich für deren Position, Sorgen und Interessen zu öffnen. Intolerant und verschlossen sind immer nur die anderen. Alle setzen auf den Rückzug in die eigene Komfortzone. Ressentiments, Anspruchsmentalität, moralische Überlegenheit, Angst, Misstrauen und Hass vergiften das Klima und verhindern den fairen Dialog und das friedliche Miteinander.

Chebli zieht Studien heran, wenn sie argumentiert, dass gut 30 Prozent der Deutschen empfänglich für fremdenfeindliche Positionen seien. Ich will wissen, ob nicht gerade sie als Staatssekretärin für bürgerschaftliches Engagement täglich erfahren würde, wie viele Deutsche sich für Flüchtlinge engagieren. Das verneint sie auch nicht: »In meiner Arbeit erlebe ich, dass das ehrenamtliche Engagement und die Solidarität mit Menschen in Not in unserem Land stark ausgeprägt sind. Gerade im Jahr 2015 während der Flüchtlingskrise war das besonders deutlich zu spüren. Allein in Berlin engagieren sich 37 Prozent der Bürger für das Gemeinwohl. Und auch in der Corona-Krise haben wir eine gigantische Hilfsbereitschaft gesehen. Aber ich erlebe auch, dass viele Menschen sich zurückziehen, Angst haben, ihre Stimme zu erheben. Ihre Familien werden bedroht. Vom Wort zur Tat ist der Weg nicht lang, das haben wir am Mord an Walter Lübcke gesehen. Viele ziehen sich auch aus sozialen Medien wie Facebook oder Twitter zurück, weil sie regelmäßig beleidigt werden«, sagt sie.

Ein weiteres Problem liegt für Chebli darin, dass einerseits »die Guten« oft unter sich bleiben und auch die problematischen Gruppen in ihren Echokammern verharren würden. Vorhandene Auffassungen würden so verstärkt und vervielfältigt. Ich frage sie, ob sie denn auf AfD-Wähler zugehen würde. Chebli nimmt sich

Zeit, um diese Frage zu beantworten. »Ich habe kein Problem mit Leuten zu reden, die der AfD nahestehen und sie wählen. Mit den Funktionären der Partei ist das etwas anders. Da sehe ich keine Grundlage für einen offenen Austausch.«

Das nächste heikle Thema in unserem Gespräch ist der politische Islam. Ich kritisiere Chebli dafür, dass sie mit AfD-Funktionären nicht reden will, doch kein Problem darin sieht, mit Vertretern des politischen Islam an einem Tisch zu sitzen und deren Positionen sogar zu fördern: »Als Referentin in der Innenverwaltung und Zuständige für den Dialog mit muslimischen Organisationen haben der damalige Innensenator und ich mit Vertretern des politischen Islam an einem Tisch gesessen und einen offenen und kritischen Dialog geführt. Es war wichtig, im Gespräch zu sein, auch weil sie Zugänge zu jungen Leuten hatten, die wichtig waren für unsere Arbeit. Privat habe ich mit diesen Leuten nichts am Hut. Ich finde die Muslimbrüder und ihre Ideologie schrecklich. Ich will nicht in einer Welt leben, wo diese Leute das Sagen haben.«

Noch einmal mache ich sie auf die Double Standards aufmerksam, dass man aus moralischen Gründen mit der AfD nicht redet, aber aus pragmatischen Gründen mit Islamisten verhandelt, die aus dem gleichen Holz geschnitzt sind, was die Bedrohung für ein friedliches Zusammenleben angeht. Es erscheint mir unfair, Erdoğan-Wähler, die in Deutschland leben, in Schutz zu nehmen und ihre Entfremdung von der deutschen Gesellschaft als Rechtfertigung für ihr Wahlverhalten hinzunehmen. Und gleichzeitig die Entfremdung mancher Deutscher von ihrem multikulturellen Land als Vorbote eines drohenden Vierten Reiches zu sehen. Schließlich sind nicht nur Menschen mit Migrationshintergrund von Entwurzelung und Entfremdung in Deutschland betroffen. Außerdem dürfte es auch jenen 70 Prozent der Mitte, die Chebli als nicht anfällig für Islamophobie und Fremdenfeindlichkeit einschätzt, die Nackenhaare aufgestellt haben, wenn sie Erdoğans

»Assimilation ist ein Verbrechen gegen die Menschlichkeit«-Rede 2010 in Köln gehört haben.

Gegen Ende unseres Gesprächs kommen wir uns doch näher. Chebli sagt, dass sie mit den Muslimen, die Erdoğan nahestehen, oft Klartext reden würde: »Meine Haltung ist: Wenn ihr glaubwürdig sein wollt in eurem Kampf um Gleichberechtigung und Teilhabe und in eurem Kampf gegen Rassismus, dann könnt ihr das, was Erdoğan macht, nicht kritiklos hinnehmen. Das ist unglaubwürdig. Das sage ich auch den Muslimen, mit denen ich zusammenarbeite. Junge Türken, die sich für Erdoğan einsetzen, tun das weniger aus Überzeugung, sondern oft aus dem Gefühl heraus, dass sie hier nicht dazugehören. Das ist ein Problem der dritten Generation von Migrantenkindern. Der türkische oder arabische Nationalismus ist Teil der Identität vieler junger Menschen geworden, die hier leben, sich aber nicht als gleichwertig anerkannt sehen.«

Und schon gehen unsere Meinungen wieder auseinander. Das ist das klassische Opfernarrativ. Weil die Mehrheitsgesellschaft uns nicht akzeptiert, fühlen wir uns legitimiert, sie abzulehnen und uns anderen Kräften zuzuwenden. Die Abwendung von den Grundsätzen einer demokratischen und pluralistischen Gesellschaft scheint für Chebli dann nachvollziehbar zu sein, wenn es um Migrantenkinder geht, nicht aber wenn es um autochthone Deutsche geht.

Das Gespräch mit Sawsan Chebli verlangte mir nicht nur an dieser Stelle Selbstbeherrschung ab, denn vieles, was sie sagt, ist provokativ und entspricht nicht meiner Sicht der Dinge. Sie hielt mich lange für einen Hetzer und ich sie wahlweise für eine Privilegierte, die auf höchstem Niveau jammert, oder für eine Steigbügelhalterin des politischen Islam. Aber wir haben uns zusammengefunden und versucht, die Positionen des anderen zu verstehen. Wenn man immer nur in seinen eigenen Echokammern bleibt, seine Meinung nur bestätigt haben will, kommt man nicht weiter. Mit wem sollte man einen Dialog führen, wenn nicht mit Menschen, mit denen man nicht einer Meinung ist? Indem man ausspricht, was man denkt, und indem der andere zuhört und mit Respekt vor den Argumenten des anderen widerspricht, ist schon viel gewonnen. Man muss die andere Position nicht gut finden. Es reicht, wenn man die Motive und die Sorgen, auf denen diese Position gründet, zu verstehen versucht. Und wenn zwei gebildete Menschen, die aus dem gleichen Kulturraum stammen und die sich beide als Demokraten sehen, schon nicht miteinander reden könnten, wie sollten dann ein gläubiger Muslim und ein AfD-Wähler zueinander finden?

Chebli hat es immerhin geschafft, mir verständlich zu vermitteln, dass einige meiner Medienauftritte bei jungen Muslimen eher Wut statt Reflexion und Nachdenken hervorrufen. Ich dagegen konnte sie davon überzeugen, dass ihre ständigen Klagen über Rassismus bei eher harmlosen Dingen den wahren Rassismus verniedlichen würden. »Es war nicht richtig, mich über die Flugbegleiterin aufzuregen«, räumt sie ein. »Leute, die mich fragen, woher ich denn nun wirklich komme oder mich auf Englisch ansprechen, sind natürlich nicht automatisch fremdenfeindlich oder rassistisch. Ich war früher auch deutlich entspannter; wenn ich auf Englisch angesprochen wurde, habe ich souverän auf Englisch geantwortet. Ich glaube, ich hätte auch bei der Flugbegleiterin nicht so reagiert, wenn die Stimmung im Land nicht so angespannt und die Debatte schon so polarisierend gewesen wäre. Sie und ich, wir können mit den Nachteilen und mit der Kränkung umgehen. Es gibt aber Leute, die sich nicht gegen Rassismus wehren können. Sie werden auf offener Straße oder in der U-Bahn angegriffen, weil sie ein Kopftuch tragen. Manche sagen nicht einmal, dass sie Muslime sind, weil sie Angst haben, deswegen einen Job nicht zu kriegen.« Auch Chebli selbst räumte bei Lanz ein, ein Kopftuch hätte ihrer eigenen politischen Karriere hinderlich sein können.

Sawsan Chebli und ich haben diesem Land viel zu verdanken. Ich habe hier umsonst studiert und gelernt, was Freiheit wirklich bedeutet. Ich bin Schriftsteller geworden, habe eine Stimme und viele Leser, und kann hoffentlich etwas verändern. Die Eltern von Sawsan Chebli haben hier Asyl bekommen, sie und ihre Kinder wurden vom Staat unterstützt, haben eine gute Bildung genossen. Sie ist nun Staatssekretärin, sie kann etwas verändern und sie sollte etwas verändern. Es reicht nicht, sich nur über Missstände zu beschweren, wenn man am Ruder sitzt. Allen, die in dieser Gesellschaft leben, wäre geholfen, wenn jeder versuchen würde, sich aktiv einzubringen, anstatt sich über die Unzulänglichkeiten der anderen zu beschweren. Wir beide haben es geschafft, unser Gespräch freundlich und respektvoll, aber auch ehrlich und kritisch zu führen. Jeder hat einige Argumente des anderen mitgenommen, die es wert sind, darüber noch einmal nachzudenken. Das ist, wie ich finde ein guter Anfang.

Kapitel 7

Rasender Stillstand: Wie die Angst vor dem Wandel Deutschland lähmt

Kaum ein anderes Land hatte in der zweiten Hälfte des 20. Jahrhunderts so viel zu meistern wie Deutschland. Wie ein Phoenix ist das Land aus den Trümmern des Zweiten Weltkriegs auferstanden, hat die Asche von seinen Federn abgeschüttelt, hat seine Kränkung überwunden und das, was unerreichbar schien, geschafft: den Wiederaufbau, das Wirtschaftswunder, die Implementierung und Stabilisierung von demokratischen Institutionen, die Öffnung für die liberal-demokratische Kultur des Westens, die Aufarbeitung der Nazizeit, die Versöhnung mit Frankreich, England, Polen und Israel, und schließlich die Wiedervereinigung von Ost und West. Das waren große Leistungen einer noch jungen Demokratie. Und es waren Leitungen, die der Bevölkerung und ihren Politikern viel abverlangt haben.

Aber es waren auch Leistungen, die nicht nur aus dem Willen, etwas aktiv zu gestalten, erfolgt sind. Sondern die durch Impulse von außen oder Druck von innen in Gang gekommen sind. Die Öffnung für die liberal-demokratische Kultur des Westens, die Implementierung der Demokratie wäre ohne den Marshallplan, die Unterstützung der USA und die Einbindung des Landes auch in die neu entstehenden europäischen Institutionen und internationalen Allianzen wohl nicht so erfolgreich gewesen. Und die Aufarbeitung der NS-Zeit hätte ohne die Studentenbewegung und die Wut der 68er auf die schweigenden Väter sicher länger auf sich warten lassen.

Heute muss das Land den Wandel selbst wagen, sich aus sich

heraus neu erfinden. Die Erfolgsrezepte des 20. Jahrhunderts lassen sich nicht einfach so auf das 21. Jahrhundert übertragen. Und der einstige Hauptvertreter der freien westlichen Welt hat sich aktuell mit dem »America-First-Populisten« Donald Trump an der Spitze aus der Rolle des Leitsterns verabschiedet. Europa und damit Deutschland muss lernen, auf eigenen Füßen zu stehen, mahnte Bundeskanzlerin Angela Merkel erneut auf der Münchner Sicherheitskonferenz 2019.

Sich neu zu erfinden, hat Deutschland in der Vergangenheit immer wieder geschafft, und diesen Kraftakt wird es auch ein weiteres Mal vollbringen können. Um sich neu zu erfinden, muss das Land sich zunächst neu denken. Die Deutschen – ob urdeutsche oder eingewanderte, ob Wessis oder Ossis – müssen miteinander verhandeln und gemeinsam Antworten auf die dringlichen Fragen, die vor ihnen liegen, finden: Was verbindet uns wirklich? Wohin wollen wir uns als Gesellschaft entwickeln? Wie gestalten wir den Wandel, ohne einen Kontrollverlust zu erleiden? Wie können wir zu einer gemeinsamen Identität in einer pluralistischen Gesellschaft finden? Wie können wir uns für die Welt öffnen, ohne das Eigene zu verlieren?

Um Antworten auf diese Fragen zu finden, braucht das Land einen starken Glauben an Demokratie und Freiheit, eine dynamische Mitte, eine offene Streitkultur, mehr Öffnung für Innovation und einen entschlossenen Kampf gegen alle extremistischen Ideologien, die das Land spalten und es nicht nur ins 20. Jahrhundert, sondern gefühlt ins Mittelalter zurückführen wollen!

Wir brauchen neue Konzepte für den Umgang mit Digitalisierung und künstlicher Intelligenz, neue Technologien, die den Klimawandel abpuffern können, neue Konzepte für Migration und Integration. Während des letzten Bundestagswahlkampfs im Jahr 2017 aber konnte man den Eindruck bekommen, dass die Parteien der Mitte es weitgehend vermieden, über diese wichtigen Zukunftsthemen zu sprechen. Wahlplakate der CDU warben für ein Deutschland, in dem wir gut und gerne leben. Für gute Arbeit und gute Löhne. Für Familien. Die SPD setzte auf Gerechtigkeit, neue Ideen, ohne diese zu benennen, Bildung und sichere Renten. Einzig die FDP brachte die Digitalisierung auf die Wahlplakate. Der Blick in die Wahlprogramme bestätigt die Schwerpunktsetzung: Im 76 Seiten umfassenden Wahlprogramm der CDU entfielen gerade einmal zwei Seiten auf den Klimaschutz, sechs Seiten auf die Digitalisierung und zwei Seiten auf Migration. Die SPD legte 102 Seiten vor, vier davon beschäftigen sich mit Migrationspolitik, Digitalisierung als eigenständiger Komplex kommt gar nicht vor, wird mal bei der Bildung, mal beim Arbeitsmarkt und beim Breitbandausbau angerissen. Die Umwelt bekommt immerhin sechs Seiten.

Viele dieser Zukunftsthemen sind hochkomplex, es geht um Fragen, auf die es keine einfachen Antworten gibt. Gerade ein Wahlkampf aber lebt von einfachen Botschaften. Der Rückzug der Mitte beispielsweise aus dem Thema Migration gab der AfD das Monopol, diesen Bereich politisch auszuschlachten. Einzig die Grünen titelten: Integration muss man umsetzen, nicht aussitzen. Die AfD, die bis 2015 bundesweit bei 3 Prozent lag, gewann zwei Jahre später rund 13 Prozent der Wählerstimmen, nach einem Wahlkampf, der fast ausschließlich auf dem Rücken von Migranten ausgetragen wurde.

Was sagt uns all das über die Beziehung der Deutschen zum Wandel und zu wichtigen Fragen des 21. Jahrhunderts? Wie so oft hilft auch bei der Beantwortung dieser Frage ein Blick zurück.

Die Wurzeln von »German Angst«

Es gibt verschiedene deutsche Begriffe, die auch in andere Sprachen Einzug gehalten haben. Kindergarten gehört dazu, Wanderlust, Wunderkind, Weltschmerz, Blitzkrieg, Dachshund oder

Schadenfreude. Eine besondere Stellung hat der Begriff Angst in Verbindung mit deutsch. »German Angst« bezeichnet eine als charakteristisch empfundene gesellschaftliche, politische und kollektive stereotype Verhaltensweise der Deutschen. In seinem Roman ›Es führt kein Weg zurück‹ schrieb Thomas Wolfe: »(...) diese ganze Nation (war) von der Seuche einer ständigen Furcht infiziert (...) von einer schleichenden Paralyse (...). Der Druck eines ununterbrochenen schädlichen Zwanges hatte dieses ganze Volk (...) verstummen lassen, bis es durch Selbstvergiftung in eine seelische Fäulnis übergegangen war.«[1]

Zögerlichkeit in Bezug auf politische und gesellschaftliche Entwicklungen, Bedenkenträgertum statt beherztem Mut und Sorge vor negativer Veränderung statt des Glaubens an eine positive Entwicklung gelten als typische Merkmale von German Angst. Auf viele umwälzende Entwicklungen reagierten die Deutschen nur zögerlich, als wollten sie erst einmal abwarten, ob diese nicht im Chaos endeten. Auf die Aufklärung hieß die deutsche Antwort: Romantik. Rückzug in die Natur, in die spekulative Philosophie und den Weltschmerz. Als die erste industrielle Revolution in England begann, waren die Deutschen zunächst skeptisch und hatten Angst, dass die Maschine den Menschen ersetzen würde. Man fürchtete, sie würde die Seele des Menschen verdinglichen, also reagierte man mit der Beseelung der Dinge. Und als die Nationalsozialisten an die Macht kamen, setzten auch sie auf das machtvolle Instrument der Angst: vor den Bolschewisten, den Marxisten, den »Untermenschen«, dem »Juden- und Verbrechertum«.

Die deutsche Angst wurzelt in vielen vergangenen Traumata, deren Wirkung bis in die Gegenwart hineinreicht. Zu kaum einer größeren Demonstration kann man die Deutschen auf die Straße locken, außer wenn ein Krieg droht, selbst wenn dieser Krieg über 4000 Kilometer entfernt stattfindet. Gegen den Irakkrieg 2003 gingen so viele Deutsche auf die Straße wie nie zuvor in der Geschichte der Bundesrepublik. Dahinter steckte nicht unbedingt die konkrete Sorge um Kinder und Zivilisten im Irak, sondern die grundsätzliche Angst vor dem Krieg, die geprägt ist von den Erfahrungen zweier Weltkriege und der Furcht vor einer atomaren Eskalation während des Kalten Krieges.

Keine Nation der Erde hat sich so gegen eine Volkszählung gewehrt wie die deutsche. »Totalerfassung« oder »Meine Daten gehören mir« stand auf Plakaten, die 1983 vor einer computergestützten Volkszählung warnten. Sie konnte erst vier Jahre und ein Bundesverfassungsgerichtsurteil später durchgeführt werden. Auch die Ablehnung von Google Street Views war in Deutschland spürbarer als in allen anderen Ländern der Welt. Und nirgendwo sonst sind die Vorbehalte der Bürger gegen Fingerabdrücke im Pass so groß wie hier. Dahinter stecken die Erfahrungen mit zwei Diktaturen auf deutschem Boden und die Angst vor Überwachung und dem Missbrauch persönlicher Daten. Gestapo und Stasi haben ihre Spuren bis heute hinterlassen. Wie wichtig der Datenschutz ist, sieht man auch bei den Diskussionen über die Installation von Kameras an neuralgischen Punkten in Städten oder beim Tracking von Corona-Patienten mittels einer App.

Neben der Angst vor Krieg und Überwachung, die natürlich auf den Erfahrungen der Vergangenheit fußen, leiden die Deutschen an einer ganzen Kette von Ängsten, die schwer zu durchbrechen scheint: Angst vor einer Umweltkatastrophe, Angst vor Seuchen und ansteckenden Krankheiten, Angst vor Überfremdung, Angst vor Atomstrom, Angst vor dem Waldsterben, Angst vor Migration, Angst vor dem Rechtsruck, Angst vor dem Euro-Crash. Manche dieser Ängste sind mit konkreten Ereignissen verbunden, etwa dem GAU in Tschernobyl oder später in Fukushima. Der Aufstieg der Rechten weckte die Angst vor der Rückkehr eines zweiten Hitlers. Die große Inflation im Jahre 1922 und die Weltwirtschaftskrise 1929 führten zur Angst vor einem Crash des Euro und der Finanzmärkte. Andere Ängste wirken eher überzogen, manchmal hysterisch.

Wenn man sich nur die Titelseiten des Magazins *Der Spiegel* in den letzten Jahrzehnten genauer ansieht, stellt man fest, dass bestimmte Angstwellen immer wieder zurückkehren, und das in regelmäßigen Abständen. 1981 titelte das Magazin »Der Wald stirbt«. 1984 starb »nur« noch der Schwarzwald, der saure Regen galt aber als besondere Gefahr für Babys. Wenige Jahre später fragte der *Spiegel* erstmals »Wer rettet die Erde?« In Leserbriefen aus dieser Zeit liest man oft die Frage, ob es sich überhaupt noch lohne, Kinder in diese Welt zu setzen. 1986 gerieten die Deutschen in Panik wegen der Explosion im Atomreaktor von Tschernobyl. Sie hatten Angst, an die frische Luft zu gehen, Schwimmbäder wurden geschlossen, die Menschen verzichteten auf Obst und Gemüse. Nach dem Reaktorunglück in Fukushima im Jahr 2011 ging der Atomausstieg, seit Jahren von Aktivisten gefordert, plötzlich ganz schnell. Während die Japaner bald drei der vier betroffenen Reaktoren wieder in Betrieb nahmen, legten die Deutschen alte Reaktoren still, vereinbarten Restlaufzeiten für die neueren – und kauften ihren Strom teilweise von europäischen Nachbarn, der auch aus Kernkraftwerken kam, die nahe der deutschen Grenzen betrieben werden.

Ähnlich waren die Reaktionen auf jede neue Migrations- und Flüchtlingswelle. Im Juli 1973 titelte der *Spiegel* »Die Türken kommen – rette sich, wer kann«. Im Text hieß es: »Fast eine Million Türken leben in der Bundesrepublik, 1,2 Millionen warten zuhause auf die Einreise. Der Andrang vom Bosporus verschärft eine Krise, die in den von Ausländern überlaufenen Ballungszentren schon lange schwelt. Städte wie Berlin, München oder Frankfurt können die Invasion kaum noch bewältigen: Es entstehen Gettos, und schon prophezeien Soziologen Städteverfall, Kriminalität und soziale Verelendung wie in Harlem.«[2]

1991 fürchtete man den »Ansturm der Armen«, gemeint waren Flüchtlinge, Aussiedler und Asylanten. 1998 fragte der *Spiegel*: »Zu viele Ausländer?« und schon 2002 hieß es: »Europa macht dicht.« 2006 war die Schlagzeile dann eine altbekannte: »Ansturm der Armen, die neue Völkerwanderung«. 2015 erreichte das Thema einen neuen Höhepunkt, als Tausende Flüchtlinge sich auf den Weg nach Europa machten. Später beherrschten angsterregende Nachrichten von sexueller Belästigung, Vergewaltigungen und versuchten Terroranschlägen die Schlagzeilen. Die Silvesternacht in Köln und der Angriff auf den Weihnachtsmarkt am Berliner Breitscheidplatz zeigten, dass manche dieser Ängste nicht ganz unbegründet waren.

Der Ausbruch des Coronavirus Anfang 2020 schließlich ließ gleich zwei Ängste gegeneinander antreten: die Angst vor der Ausbreitung der Seuche und die Angst vor der Überwachung. Der Staat will auf Handydaten von Freiwilligen zugreifen, um die Ausbreitung des Virus verfolgen und damit verlangsamen zu können. Ein Schritt, der in einigen asiatischen Ländern offenbar zur Eindämmung der Seuche beitragen konnte. Hier warnten am 20. April 2020 300 Wissenschaftler in einem offenen Brief vor einer »Überwachung durch die Regierung oder den privaten Sektor«. Datenschutz ist enorm wichtig, aber es sollte nicht wichtiger sein als der Schutz menschlichen Lebens.

Angst begleitet den Menschen, seit es ihn auf dieser Welt gibt. Oft war diese Angst sinnvoll und sogar lebensrettend. Schließlich lebte man in gefährlichen Zeiten und war vielen Angriffen aus einer feindlichen Umgebung ausgesetzt. Auch Angst hat dazu geführt, dass Menschen sich zu Gruppen und Sippen zusammentaten und lernten, miteinander zu kooperieren, gemeinsam zu jagen und die Nahrung zu teilen, um die Überlebenschancen zu erhöhen. So gesehen war die Angst auch zivilisationsstiftend. Die Angst vor dem Tod und vor unverständlichen Naturphänomenen hat frühe Kulthandlungen und Vorstellungen von einem Diesseits und einem Jenseits und von Götterwelten hervorgebracht, aus denen später die Religionen entstanden. Diese haben einerseits den Menschen Sinn, Geborgenheit und Halt geboten, wurden aber ihrerseits zu Quellen der Angst: vor Gott, vor der Hölle, vor dem Fegefeuer, vor der Apokalypse und natürlich vor anderen Religionen.

In Deutschland war die Angst vor der Apokalypse seit dem Mittelalter stark ausgeprägt. Die Deutschen fürchteten einen zornigen Gott, Missernten, Kometen, die vom Himmel stürzen und zu Luthers Zeiten auch den Einfall türkischer Horden. Die Reformation wurde von vielen Zeitgenossen nicht als Fortschrittsgeschichte empfunden, sondern als eine Bewegung, die die Menschen zusätzlich verunsicherte und die schließlich dazu führte, dass Christen gegen Christen ins Feld zogen. Heute droht die Apokalypse von anderer Seite. Man fürchtet sich vor der Migrationsapokalypse, der Klimaapokalypse und der Finanzapokalypse. Ich kann mich manchmal des Eindrucks nicht erwehren, dass Angst das einzige Thema ist, in dem die Deutschen sich einig sind. Aber kann Angst identitätsstiftend sein? Und vor allem: kann sie der Motor für Veränderung sein?

Die statische Gesellschaft ist ein Feind ihrer selbst

Angst kann tatsächlich ein Taktgeber für Veränderung und Innovation sein, so wie etwa die Angst vor Krankheiten zur Entwicklung der modernen Medizin führte. Doch Angst kann auch ein Grundpfeiler von Stagnation sein. Unmittelbar nach dem Krieg war den Deutschen klar, dass sie ohne einen Wandel nicht wieder auf die Füße kommen würden. Seitdem wurden sie in relativ kurzen Abständen mit Entwicklungen konfrontiert, die ihr Weltbild erneut durcheinanderbrachten: die Europäisierung, das Ende des Kalten Krieges und die Wiedervereinigung, die Globalisierung und nun die Herausforderungen von Digitalisierung und künstlicher Intelligenz. All diese Entwicklungen lösten und lösen starke

Verlustängste aus: Angst vor Entfremdung und dem Verlust der Souveränität, Angst vor dem Verschwinden der eigenen Identität und Geschichte im geeinten Deutschland, Angst vor Kontrollverlust, wirtschaftlicher Instabilität, dem Verlust des Arbeitsplatzes oder der Angst vor dem »Homo Deus« (Yuval Harari).

Trotz der Vorteile, die die Phase des umfassenden Wandels nach dem Krieg mit sich gebracht hatte – Wirtschaftswunder, Wohlstand, Demokratie und Freiheit – gewann der 81-jährige Konrad Adenauer die Wahlen im Jahr 1957 mit einem Wahlplakat, auf dem stand: »Keine Experimente«. Auf dem Parteitag im Juli hatte er verkündet, ein Sieg der SPD bedeute »das Ende Deutschlands«. Die CDU fuhr mit 50,2 Prozent das höchste Ergebnis ein, das eine Partei je bei Wahlen auf Bundesebene erzielte. Anders als in Amerika kann man hierzulande mit dem Wort »Wandel« keine Wahlen gewinnen, wie Barack Obama dies 2008 mit seiner »Change«-Kampagne gelungen war. 2013 konterte Angela Merkel ihren SPD-Kontrahenten Peer Steinbrück mit der Formulierung »Sie kennen mich« erfolgreich aus.

Eigentlich hätte Deutschland alle Argumente, um keine Angst vor der Zukunft zu haben, auf seiner Seite: Exportweltmeister mit entsprechenden Überschüssen, Wohlstand und sprudelnde Steuereinnahmen, eine stabile Wirtschaft, gute soziale Sicherungssysteme, ein hohes Niveau der medizinischen Versorgung, um nur einige zu nennen. Doch hat die Phase des beständigen Aufschwungs – von einigen kleineren heftigen Dellen abgesehen – dazu geführt, dass die Deutschen ihre Zukunft positiv beurteilen? In einer Umfrage zum Jahreswechsel 2018/2019 sahen nur 17 Prozent der Befragten positiv in die Zukunft. 2014 hatte der Anteil noch bei 45 Prozent gelegen. Den Grund für die schlechte Stimmung sieht Zukunftsforscher Horst Opaschowski in der Angst vor dem Abschwung: »Eine breite Mittelschicht lebt derzeit nach dem Paternoster-Prinzip. Sie fährt nach oben, ist sich aber sicher, dass es wieder abwärtsgeht, sobald man oben angekommen ist.«[3] Die Menschen werden also nicht zufriedener, je besser ihre Lebensumstände werden, sondern sie fürchten, diese zu verlieren. Das lässt sich auch auf andere Bereiche übertragen: Sie fühlen sich nicht informierter, je mehr Zugang zu Informationen sie haben, sondern sie werden ängstlicher und unsicherer. Sie sorgen sich um Überfremdung, leben aber in Regionen, in denen kaum Migranten leben. Es geht also nicht immer um faktische Realitäten, sondern auch um gefühlte. Um Emotionen und Ängste.

Durch den Wandel ohne eine stabile Identität, ohne das Vertrauen in die eigenen Kräfte und in die positiven Effekte des Wandels gerät man schnell in eine Sinnkrise, die weitere Krisen nach sich zieht.

Auf geistiger und psychologischer Ebene ist der Wandel, vor dem Deutschland und die Welt heute stehen, vergleichbar mit der kopernikanischen Wende vor 500 Jahren, also der Abkehr von der Vorstellung, die Erde sei das Zentrum des Universums. Diese Entdeckung hat das Weltbild vieler Menschen erschüttert und stürzte sie in eine Sinnkrise. Fast zeitgleich kam damals die Reformation, die zu einer Revolution in der Welt des Glaubens führte. Und der Buchdruck schließlich setze eine Revolution des Wissens in Gang.

Technologisch gesehen ist unsere Zeit mit jener der ersten industriellen Revolution Anfang des 19. Jahrhunderts vergleichbar. Die neuen Maschinen warfen damals ähnliche Fragen über die Bedeutung des Menschen und die Zukunft von Arbeit auf, wie es die Digitalisierung, die vierte industrielle Revolution, tut. Das Internet hat zu einer Revolution in der Welt der Information und der Kommunikation geführt, Wissen wurde demokratisiert. Wie der Klerus vor 500 Jahren die alleinige Deutungshoheit über religiöse Texte verlor, so machen Internetplattformen und soziale Netzwerke heute den Journalisten, Medienkonzernen und Fernsehanstalten das Informationsmonopol streitig. Der Klerus verlor seine Deutungshoheit damals durch die Verbreitung der religiösen Schriften nach der Erfindung des Buchdrucks und die Übertragung der lateinischen Bibeltexte durch Luther ins Deutsche. Der klassische Journalismus verliert gerade bei den Jüngeren an Bedeutung und Autorität, er konkurriert mit zig anderen Möglichkeiten der Informationsbeschaffung. Das führt zu Konkurrenz, zur Furcht, an Einfluss zu verlieren.

Und wie vor 500 Jahren wird es Profiteure des Wandels geben und Verlierer. Aber wenn man von heute aus auf diese Zeit zurückblickt, wird sicher jeder sagen können, dass die Entwicklungen unter dem Strich positiv waren. Was mich zurück zur German Angst bringt. Sie ist vor allem eine Angst vor Veränderung. Die Bürger erwarten von ihrer Regierung, dass sie alles tut, um die (guten) Verhältnisse zu wahren. Man könnte auch sagen: dass alles beim Alten bleibt. Mit dem Effekt, dass viele Menschen die statische Gesellschaft für das Maß aller Dinge halten. Und wenn dann etwas Unerwartetes passiert, wenn das statische Gefüge ins Wanken zu drohen gerät, verfallen sie in Panik.

Vor einiger Zeit las ich eine Studie, die besagt, dass ein Autofahrer unruhig wird, wenn er über dreißig Minuten lang mit dem gleichen Tempo fährt. Ein statisches Leben vermittelt zwar das Gefühl von Stabilität, doch es erfüllt den Menschen offenbar auch mit einem Gefühl der Unsicherheit, da er jeden Augenblick fürchten muss, dass diese Stabilität bröckeln könnte. Dass plötzlich eine Veränderung eintreten könnte. Da man selbst keine Schritte in Richtung Veränderung unternimmt, steht man jeder Veränderung von außen skeptisch bis ablehnend gegenüber. Und damit sind wir wieder beim Beginn dieses Kapitels und der These, dass die Deutschen fast immer reagiert und nicht gestaltend agiert haben. Das wiederum erhöht die Angst vor einem Kontrollverlust. Wer das Steuer fest in der Hand hält, das Tempo, die Route und das Ziel des Autos selbst bestimmt, braucht keine Angst zu haben. Wer aber nur auf der Rückbank hockt und nicht weiß, wohin es geht, wird mit jeder Kurve und mit jeder Beschleunigung nur nervöser.

Viele Bürger sitzen auf der Rückbank. Man überlässt den Regierenden die Kontrolle und somit die Verantwortung und erwartet von ihnen, auf Sicht zu fahren, um das Volk auf dem Rücksitz nicht zu erschrecken. Nicht nur Adenauer hat das verstanden, sondern auch Helmut Kohl und Angela Merkel – die drei Kanzler also, die das Land am längsten regiert haben. Sie haben den Bürgern dieses Landes das Gefühl vermittelt, im Grunde bleibe alles beim Alten. Selbst Helmut Schmidt sagte einst, wer Visionen habe, soll zum Arzt gehen. All diese Politiker haben die deutsche Mentalität durchschaut: keine Abenteuer, keine Experimente, auch wenn Angela Merkel während ihrer Kanzlerschaft einige bemerkenswerte Volten vollzogen hat.

»Was der Bauer nicht kennt, das frisst er nicht«, »Da weiß man, was man hat«, »Sicher ist sicher«, »Was man hat, das hat man« sind Sätze, die diese Mentalität illustrieren. Eine Haltung, die Stagnation mit Stabilität verwechselt. Womit wir wieder beim Thema Bürger vs. Citoyen angelangt wären. Es sind keineswegs nur die Politiker, die für die Stagnation verantwortlich sind, sondern maßgeblich die Bürger, die aus Angst alles beim Alten belassen wollen. Ein Ergebnis der »keine Experimente-Politik« war die erste Große Koalition 1966. Sie führte zu einem politischen Stillstand im Lande und so auch zu einem Erstarken der Ränder sowohl links als auch rechts. Nicht nur die 68er-Proteste waren ein Ergebnis der Stagnation, sondern auch das Erstarken der NPD, die bei den Wahlen des Jahres 1969 nur knapp die 5-Prozent-Hürde verfehlte. Der neue Kanzler der sozial-liberalen Koalition, Willy Brandt, verkündete den Satz: »Wir wollen mehr Demokratie wagen«, erst in seiner Regierungserklärung. Im Wahlkampf hieß es bestärkend: »Damit Sie auch morgen in Frieden leben können.«

Die Ränder wurden auch im Schatten der Großen Koalition von CDU/CSU und SPD seit 2005 immer stärker. Erst die Linke, dann die AfD. Das zeigt, dass nichts gefährlicher für die parlamentarische Demokratie ist als die Abwesenheit einer starken Opposition und das tatsächliche oder vermeintliche Gefühl des politischen Stillstands durch eine beständige Angleichung und Vermischung der Positionen.

Der »Fetisch des Funktionierens« und die Angst vor Zukunftstechnologien

In Berlin treffe ich mich mit dem Autor und *Spiegel*-Kolumnisten Sascha Lobo. Er beschäftigt sich seit Jahren mit den Themen Digitalisierung und Meinungsfreiheit im Netz. Mit ihm rede ich über die Gründe, warum Deutschland sich mit der Digitalisierung so schwertut. Lobo sagt, die Regierung habe es durch Zögern, Zaudern und Abwarten verpasst, eine digitale Infrastruktur aufzubauen. Sie habe die falschen Prioritäten gesetzt. Außerdem diagnostiziert er eine Art deutschen »Fetisch des Funktionierens«. Konzepte, die funktionierten, seien für die Deutschen das Allerwichtigste, Menschen, die funktionierten, auch. »Bei allem Respekt vor Helmut Schmidt, wir brauchen gerade in Zeiten des Wandels Politiker und Wirtschaftsköpfe mit Visionen!« Tesla, dessen Boss Elon Musk oft als verrückter Visionär belächelt wurde, ist an den Börsen inzwischen mehr wert als VW. Das Unternehmen hatte im Januar 2020 erstmals die 100-Milliarden-Dollar-Marke geknackt.

Lobo sieht einen generellen Veränderungsunmut bei den Deutschen: »Bei jeder Veränderung, die von außen kommt, fragt man sich, warum muss ich im Inneren etwas verändern? Dabei wird die Frage egozentrisch beantwortet. Es funktioniert für mich, es funktioniert jetzt, warum soll ich etwas verändern?« Statt sich mit einer Veränderung auseinanderzusetzen, betone man lieber die Gefahren des Neuen. »Deshalb kann man die Prioritäten nicht richtig setzen. Deshalb stand die Digitalisierung immer auf Platz 5 oder vielleicht 9 auf der Prioritätenliste der Bundesregierung«, sagt Lobo. Digitalisierung sei immer nur ein »Verhandlungsthema« gewesen, kein Handlungsthema. Verhandelt wurde über den Glasfaserausbau, über den Breitbandausbau, über 4G oder 5G ...»So funktioniert eine Politik, die den Wandel nicht verstanden hat oder nicht verstehen will. Man betrachtet nicht nur die gesamte Gesellschaft als Kontinuum, sondern auch das politische und das wirtschaftliche System. Veränderungen sollen nur kleine Verbesserungen hervorbringen, aber keine tiefgreifende Modellveränderung dessen, was funktioniert.« Mit dem Effekt, dass Deutschland seine Wettbewerbsfähigkeit aufs Spiel setzt. In der Rangliste des Weltwirtschaftsforums rangierte Deutschland 2019 auf Platz 72 bei den Internetverbindungen über Glasfaserkabel und auf Platz 58 bei den mobilen Breitbandanschlüssen. In der gesamten Kategorie der Informations- und Kommunikationstechnologie rangiert Deutschland hinter Ländern wie Rumänien auf Platz 36.[4]

Durch den Fetisch des Funktionierens gebe es eine Fixierung auf das Dingliche, das Fassbare, meint Lobo. Alles, was man nicht fassen und erfassen könne, gelte als unseriös. Daher komme auch die Geringschätzung der Geisteswissenschaften und alles irgendwie Intellektuellen in Deutschland. Und daher komme auch die Virtualitätsfeindlichkeit. Dagegen könne man sich über Naturwissenschaft, Pflanzenarten oder Maschinenbau stundenlang unterhalten. Es herrsche die Ansicht, man solle bei dem, was man kann und was man immer getan hat, bleiben. Schuster, bleib bei deinem Leisten! Um Bäcker zu werden, muss man eine Bäckermeister-Lehre machen und für immer ein Bäcker bleiben, sonst wird man nicht ernst genommen. Das mag in der Vergangenheit eine der Stärken des deutschen Mittelstandes gewesen sein. Doch heute taugt dieses Konzept nicht mehr, wo die Digitalisierung Bäcker, Fließbandarbeiter, Schuster und Taxifahrer zwingt, über die Zukunft ihrer Berufe nachzudenken.

Typisch bei einer Diskussion mit einem Deutschen ist für Lobo die Bemerkung: »Das habe ich immer schon gesagt.« Es seien Menschen, die nicht nur vorher alles gewusst hätten, sondern die über Jahrzehnte in der gleichen Haltung verharrten und das für konsequent und anständig hielten. Man wolle in der Welt bleiben, die man versteht, eben weil sie so lange schon besteht. »Die Welt ist aber nicht statisch, sie ist ständig im Wandel. Diejenigen, die die immer gleiche Welt im Kopf haben, wollen mit einer Welt nichts zu tun haben, die sie nicht kennen, auch wenn diese neue Welt viele Chancen für sie bietet«, sagt Lobo.

Das Interessante an dieser Diagnose ist, dass die Deutschen eigentlich nie technologie- oder innovationsfeindlich waren. Im Gegenteil. Erfindungen wie der Buchdruck, der Dynamo, das Automobil, der Dieselmotor, der Hubschrauber, der erste funktionstüchtige Computer, die Magnetschwebebahn, die Röntgenstrahlung, die Currywurst und das Hefeweizen zeigen, wie innovativ die Deutschen sein können. Nur beim Thema digitale Technologie und künstliche Intelligenz hinkt Deutschland hinterher – den USA, China, Japan, Korea und selbst Indien. Während China, Südkorea, Singapur und Taiwan bereits die 5G-Technologie nutzen, um den Coronavirus durch Erfassung der Daten und Bewegungsläufe der Patienten zu bekämpfen, leidet Deutschland immer noch daran, dass nicht alle Gebiete im Land vom 4G-Netz abgedeckt werden. Reisende aus Risikoländern, in denen der Virus sich erheblich ausgebereitet hatte, mussten an deutschen Flughäfen lediglich ein Formblatt ausfüllen. Diese Daten wurden nicht zentral erfasst, aus Angst vor Datenschutzproblemen. Doch die digitale Technologie braucht Zugang zu Big Data, um eine richtige Analyse und somit ein gutes Ergebnis zu erreichen. Das Festhalten an alten bürokratischen Instrumenten und die paranoide Angst vor der Erfassung selbst harmloser Daten kann Deutschland technologisch Jahrzehnte zurückwerfen. Die fehlende Digitalisierung im Gesundheits- und im Bildungssystem machte sich besonders während der Corona-Krise bemerkbar. Es kam oft zur Verzögerung bei der Übermittlung der Infektionszahlen (oft per Fax), was eine verlässliche Analyse der Daten erschwerte und damit auch Reaktionen durch konkrete Maßnahmen verzögerte. Kinder, die während des Lockdowns zuhause bleiben mussten, konnten wegen fehlender Digitalisierung und schlechter Ausstattung daheim nur eingeschränkt am Fernunterricht teilnehmen. Und Lehrer und Professoren waren ebenfalls nicht vorbereitet. Gleiches gilt im Hinblick auf die künstliche Intelligenz, die manche gar als Eingriff in die Schöpfung Gottes sehen. Das Land droht eine goldene Chance zu verpassen, gerade in den Bereichen Medizin- und Umwelttechnologie, in denen die Deutschen lange die Richtung vorgaben.

Der Schwarze Schwan

Selbstverständlich darf man die Schattenseiten der neuen Technologien nicht außer Acht lassen. Zu Recht bemerkte Thea Dorn in unserem Gespräch: »Wir stehen an der Schwelle einer Zeitenwende, die ähnlich ist wie der Umbruch vom Mittelalter in die Neuzeit. Damals haben die Philosophen ein neues Menschenbild geschaffen, das frei und individualistisch ist. Heute arbeiten die Programmierer in Silicon Valley daran, das Individuum abzuschaffen, seine Wünsche und Träume zu manipulieren, um es auf diese Weise zu einem komplett berechenbaren Wesen zu machen.« Tatsächlich bastelt man im Silicon Valley an einer Utopie, in der der Mensch frei von Leid und Sorgen ist und seine Freiheit in erster Linie in Bezug auf Konsum und Unterhaltung definiert. Die Suche nach Utopien hat sich aber in der Vergangenheit oft als eine Gefahr für die Demokratie herausgestellt, egal ob diese Utopien religiös, nationalistisch oder technisch-ökonomisch gefärbt waren. Die Bundesregierung plant deshalb ein »KI-Observatorium«, das Anwendungen von künstlicher Intelligenz überprüfen soll. Es soll in etwa wie der TÜV funktionieren. Vielleicht ist es nicht verkehrt, dass man diese Entwicklung mit technischer und ethischer Sorgfalt begleitet, doch es ist sicher nicht hilfreich, wenn künstliche Intelligenz hauptsächlich in Zusammenhang mit Gefahren diskutiert wird. Schließlich sind die Roboter, die wir herstellen, nur eine Verlängerung des Menschen, ein Ergebnis seiner Bedürfnisse, Ängste, Denkprozesse und Fehler. So gesehen sollte man eher Angst vor der natürlichen Dummheit haben, nicht vor der künstlichen Intelligenz.

Das Beschwören von Horrorszenarien und die übertriebene Angst vor Kontrollverlust werden uns nicht weiterhelfen. Den Wandel anzunehmen und ihn selbst zu gestalten versperrt den Weg in die Panik. Weder die Nerds von Silicon Valley, die oft wenig vom Leben außerhalb der digitalen Welt verstehen, noch die Roboter und auch nicht die Migranten können eine Gesellschaft unterwandern, die selbstbewusst weiß, wo sie steht und welche Werte und Grundsätze für sie wichtig sind. Künstliche Intelligenz kann vielleicht schneller denken als wir, doch zweifeln, umdenken, mitfühlen und mit sich hadern kann sie nicht. Sie kann die eigenen Mängel nicht erkennen, sich nicht selbst hinterfragen. Sie kann unsere Sinnlichkeit, unsere Gefühle, unser Wertesystem und unseren Willen nicht manipulieren, es sei denn, wir geben dies vorher freiwillig auf. Ein Algorithmus spuckt das aus, was ein Programmierer ihm vorher gefüttert hat.

Die statische Gesellschaft kann in einer Welt des Wandels nicht bestehen. Die Kanzlerin betont oft: »In der Ruhe liegt die Kraft.« Doch Zögern, wo mutige Entscheidungen gefragt sind, erzeugt genau das Gegenteil von Ruhe. Ein Bremsen in Zeiten des rasenden Wandels erzeugt die Angst, überrollt zu werden. Man kann die Angst als Motivator sehen, um die eigene Geschwindigkeit zu optimieren und die Übersicht nicht zu verlieren. Sie sollte uns aber nicht dazu verleiten, in Starre zu verfallen.

Die Angst gehört für Hegel zum notwendigen Übergang auf dem Weg des Bewusstseins zum Selbstbewusstsein. Die Überwindung der Angst erfordert viel Arbeit und Ausdauer. Arbeitsmoral und Ausdauer gehören bekanntlich zu den traditionellen deutschen Tugenden. Was fehlt, ist das Selbstbewusstsein.

Es hilft vielleicht, uns daran zu erinnern, dass die meisten Horrorszenarien der Vergangenheit sich nicht bewahrheitet haben: Die Welt ist noch nicht untergegangen, der Wald noch nicht gestorben. Der Schwund der weltweiten Waldflächen ist in den letzten Jahren von 0,18 auf 0,08 Prozent zurückgegangen. Alle Viren der Neuzeit wurden besiegt oder eingedämmt, auch das Coronavirus wird besiegt werden. Die Deutschen sind noch nicht ausgestorben, eine »Umvolkung« durch Migranten, wie sie einige rechte Verschwörungstheoretiker fürchten, gehört ins Reich der Fake News.

Hinter vielen Ängsten der statischen Gesellschaft steckt die Angst vor Kontrollverlust. Um das Risiko zu minimieren, versuchen wir, die Sache vom Ende her zu denken. Weil uns das aber selten allumfassend gelingt, bleibt ein Restrisiko. Und dann gibt es da noch unerwartete Ereignisse oder Entwicklungen, die selbst das durchdachteste Konzept durcheinanderbringen können.

›Der Schwarze Schwan: Die Macht höchst unwahrscheinlicher Ereignisse‹ lautet der Titel eines Buches des Publizisten und Börsenhändlers Nassim Nicholas Taleb. Der Autor beschäftigt sich darin mit den häufig extremen Konsequenzen von seltenen und unwahrscheinlichen Ereignissen sowie mit der menschlichen Eigenschaft, im Nachhinein einfache und verständliche Erklärungen für diese Ereignisse zu finden. Maßgebliche Entdeckungen fallen darunter, geschichtliche Umwälzungen oder künstlerische und technische Errungenschaften. Taleb bezeichnet sie als »Schwarze Schwäne«, weil diese inmitten all der gewohnten weißen Vögel als seltene Ausreißer gelten. Zu diesen Ausreißern zählen für Taleb unter anderem die Entdeckung der antibakteriellen

Eigenschaften von Penizillin, die Entdeckung Amerikas bei der Suche nach einem Seeweg nach Indien, aber auch der 11. September 2001 mit seiner epochalen Wirkung auf die Politik seit den Anschlägen. Gemeinsam ist diesen Ereignissen laut Taleb, dass sich etwas ursprünglich nicht Gesuchtes als Impulsgeber für neue und überraschende Entdeckungen oder Entwicklungen erweist.

Wir müssen aber nicht auf etwas Zufälliges warten, das unser Leben zum Besseren wendet. Wir müssen auch keine Angst vor unerwarteten Ereignissen haben, wenn wir gut vorbereitet sind. Wenn wir eine Balance zwischen Vergangenheit, Gegenwart und Zukunft finden können, sind wir gut vorbereitet. Diese Balance erreichen wir, wenn wir die Vergangenheit annehmen und daraus lernen; wenn wir begreifen, dass wir die Verantwortung für die Gegenwart tragen und dass wir alle gefordert sind, an ihrer Gestaltung mitzuwirken; und wenn wir uns ohne Scheuklappen und Angst vor Verlust durch Wandel mit der Zukunft beschäftigen. Wenn wir aktiv an der Gesellschaft und den Themen, die sie bewegen, mitwirken, sind wir nicht länger Getriebene tatsächlich oder nur vermeintlich unerwartet über uns hereinbrechende Ereignisse.

Die Erdgeschichte und die Geschichte der Evolution ist eine der allmählichen Fortentwicklung und des Wandels. Bestehen konnten die, die flexibel waren. Wer den Wandel im positiven Glauben an seine Fähigkeiten selbstbewusst annimmt, wächst und gedeiht. Wer verharrt, bricht.

Kapitel 8

Migration: Chance oder Gefahr für die deutsche Identität?

Auch beim Thema Migration und Integration sind wir mit dem deutschen »Fetisch des Funktionierens« und der Angst vor dem Wandel konfrontiert. Jahrzehntelang ging man davon aus, dass das schon irgendwie funktionieren würde mit den Ausländern im Land. Die erste Generation würde irgendwann wieder zurückgehen, ein Konzept war lange nicht vorhanden. Die zweite und die dritte Generation wurde geboren, und plötzlich merkte man, dass sich Parallelgesellschaften entwickelt hatten und die Sache mit der Integration doch nicht so gut läuft. Und bis heute hat man es auch nicht geschafft, das Land für dringend benötigte Fachkräfte und Spezialisten attraktiv zu machen. Seit Jahren wird darüber debattiert, ob Deutschland nun ein Einwanderungsland ist oder nicht, welche Formen der Migration man für wünschenswert erachtet und welche nicht, wie man das Asylrecht auf der einen Seite und den Schutz vor illegaler Einwanderung auf der anderen garantieren kann. Nach wie vor wird die Lösung des Problems mit Flüchtlingen an die Länder delegiert, die an Europas Grenzen liegen. Sie werden für den Grenzschutz bezahlt, und die Türkei erhält enorme Summen dafür, dass sie riesige Flüchtlingslager unterhält. Und nach wie vor gibt es eine ungute Vermischung von Einwanderungs- und Flüchtlingspolitik. Flüchtlinge werden häufig als potenzielle deutsche Staatsbürger betrachtet, was gegen die Idee verstößt, dass sie Schutzsuchende sind, die in ihre Heimat zurückkehren sollten, sobald diese wieder sicher ist, damit Deutschland weitere Flüchtlinge aus weiteren Krisenregionen aufnehmen kann.

Das Scheitern der Migrations- und Integrationspolitik kann

man anhand von zwei nicht eingelösten Versprechen erkennen:
»Wir müssen die Fluchtursachen bekämpfen«, sagte die Kanzlerin, und: »Wir schaffen das.« Beides ist in sich richtig, beides
scheiterte an der Realität. Weder wurden Fluchtursachen bekämpft, noch wurden Flüchtlinge schnell und wirksam integriert.
Stattdessen zog sich die EU aus der Syrienpolitik zurück und
überließ Russland und der Türkei das Feld. Diese setzten ihre
Machtpolitik mit militärischen Operationen in Syrien fort und
sorgten dafür, dass immer mehr Menschen aus dem Land fliehen
mussten. Bis Anfang 2020 verließ sich die Bundesregierung darauf, dass die Türkei ihre Grenzen dicht hält und die Flüchtlinge
daran hindert, in die EU zu drängen. Als die Türkei im Syrien-
krieg unter Druck geriet und keine Hilfe von der Nato bekam,
ließ Erdoğan Flüchtlinge an die griechische Grenze fahren, um
den Druck auf die EU zu erhöhen. Die dramatischen Szenen an
den türkisch-griechischen Grenzen, bei denen Tränengas und
Gummigeschosse zum Einsatz kamen, erinnerten an das Jahr
2015 und machten deutlich, dass sich seitdem kaum etwas verändert hat.

Im Zuge der Corona-Krise und der damit verbundenen Schlie-
ßung der Grenzen verschärfte sich die Situation weiter. Über das
Meer drängen Tausende neuer Flüchtlinge nach, denen der weitere Weg nun versperrt ist. Kriege werden nicht aufhören, Fluchtursachen nicht verschwinden. Klimawandel und Armut werden
weitere Flüchtlingsströme in Gang setzen. Auch dafür gibt es
keine Konzepte, obwohl jeder weiß, dass es dazu kommen wird.

Die Getriebenen: Wenn Ideologie auf Konzeptlosigkeit trifft

Diskussionen über Migration und Integration werden in Deutschland nach wie vor nicht pragmatisch, sondern ausschließlich ideologisch geführt. Emotional und moralisierend, nicht sachlich und zielorientiert. Kein Wunder, denn dieses Thema eignet sich wie kaum ein anderes für Grabenkämpfe zwischen rechts und links.

Grenzsicherung, Seenotrettung, schnelle Asylverfahren, Abschiebungen lauten nur einige der immer wiederkehrenden Schlagworte, die zeigen, wie festgefahren die Lage ist. Festgefahren sind auch die Positionen: Verkürzt gesagt wollen die Rechten mehr Abschottung, die Linken wollen mehr Öffnung. Die Rechten fordern ein Bollwerk Europa, besser noch, die Festung Deutschland, die Linken wollen am liebsten eine Welt ohne Grenzen. Die Mitte wird von den Ideologen beider Seiten in die Zange genommen, schwenkt mal hierhin, mal dorthin.

Dabei könnte man von anderen westlichen Ländern lernen, wie es besser gehen kann. Ein Asylverfahren in der Schweiz ist sehr kurz, der Vorstoß für das beschleunigte Verfahren kam sogar von den Sozialdemokraten. Wer ein Anrecht darauf hat, im Land zu bleiben, bekommt schnell Integrationsangebote. Wer nicht bleiben darf, muss das Land innerhalb einer bestimmten Frist wieder verlassen. In Kanada wird die Integration von Zugewanderten gezielt durch sogenannte Niederlassungsprogramme unterstützt, die Werte, Normen und Sprachkenntnisse fördern und ebenso für Zugang zum Arbeitsmarkt sorgen. In Bayern dagegen beschied der Verfassungsgerichtshof, die verpflichtende Teilnahme an Werte-Kursen verstoße gegen das Grundrecht auf Meinungsfreiheit. Bundesweit dauern Asylverfahren – 2015 hatte man dafür als Ziel drei Monate ausgegeben – im Schnitt immer noch etwa ein halbes Jahr. Und während die Zahl der ausreisepflich-

tigen Ausländer in Deutschland seit Jahren steigt, war die der Abschiebungen 2019 erneut rückläufig.

Was wurde seit 2015 getan, außer Geld in die Hand zu nehmen,
damit Flüchtlinge nicht ins Land kommen, und die, die hier ge-
landet sind, zu versorgen? Gibt es wirklich ein Konzept, das dabei
helfen würde, die seit Jahrzehnten bestehende Integrationsmisere
zu beenden? Ich sehe keines. Ich sehe die gleiche zögerliche Politik, die auf der irrigen Annahme beruht, die Probleme würden
sich schon irgendwie von alleine lösen.

Das Land braucht Migration, gar keine Frage. Ich bin selbst
Migrant und der Auffassung, dass Zuwanderung das Land wirtschaftlich, kulturell und menschlich bereichern kann. Doch Migration muss eine Win-win-Situation für beide Seiten sein. Wenn
Migration zur Last wird, sowohl für die Migranten, die über
Monate und Jahre in einer Warteschleife verharren, ohne Teilha-
bemöglichkeit etwa am Arbeitsmarkt, als auch für die Aufnahme-
gesellschaft, dann ist etwas ganz Wesentliches schiefgelaufen.
Wenn Migration die Staatskassen und die sozialen Sicherungssysteme auf Dauer mehr belastet als entlastet, dann haben wir etwas
falsch gemacht. Wenn Migranten das Land, in das sie eingewandert sind oder das ihnen Schutz gewährt, moralisch verachten
und wenn sie den Staat und seine Organe nicht als Instanzen
ernst nehmen, dann haben wir etwas falsch gemacht. Wenn Migration zu mehr Polarisierung, einem stärkeren Rechtsruck und
mehr Islamismus führt, dann hat das Land sich selbst überschätzt
und die Probleme, die mit der Einwanderung verbunden sind, un-
terschätzt. Wenn die Migration Europa entzweit und die Solidarität unter den europäischen Nachbarn auf die Probe stellt, dann
muss man darüber reden, wer hier wen im Stich gelassen hat.

Als sich Zehntausende Flüchtlinge im September 2015 von
Budapest aus auf den Weg zur Grenze nach Österreich aufmach-
ten, entschieden die deutsche und die österreichische Regierung,
den Strom nicht an der Grenze aufzuhalten. Nach den erschre-

ckenden Bildern von ertrunkenen Menschen und von den unhaltbaren Zuständen am Bahnhof in Budapest war man der Meinung, Europa könne sich nun nicht auch noch Bilder von Schlagstöcken, Tränengas oder tumultartigen Szenen an der Grenze leisten. Europa würde seine Glaubwürdigkeit verlieren und seine Werte verraten. Es sei eine humanitäre Notlage.

Was als Ausnahme gedacht war, wurde zum Massenereignis. In den folgenden Wochen kamen erneut Zehntausende ins Land, weithin unkontrolliert und unregistriert. Erst im Dezember gewann der Staat langsam die Steuerungshoheit zurück.

Heinrich August Winkler erinnert in diesem Zusammenhang an die Unterscheidung des Soziologen Max Weber zwischen einer Gesinnungsethik, die sittliche Prinzipien ohne Rücksicht auf die möglichen Folgen in Politik umsetzen möchte, und einer Verantwortungsethik, die die voraussehbaren Folgen des eigenen Handelns so gut es geht, zu berücksichtigen versucht. Das Vorausdenken der innen- und der europapolitischen Folgen der eigenen Entscheidungen in Sachen Migration sei in Deutschland 2015 zu kurz gekommen. »Der Westen tut gut daran, nicht mehr zu versprechen, als er halten kann. Die Allgemeingültigkeit der Menschenrechte bedeutet nicht, dass westliche Länder auf ihrem Territorium diese Rechte für alle Menschen garantieren können.«

Die Regierung hat große Prinzipien verkündet, ohne die Folgen zu bedenken. Sie hat unter Druck gehandelt, im Glauben, das Richtige zu tun. Auf die Frage, was passiere, wenn die Not morgen weitergehe, antwortete der damalige Kanzleramtsminister Peter Altmaier, die Willkommenskultur im Land sei groß.[1] Das Ergebnis war: Große Teile der deutschen Bevölkerung waren auf dieses soziale Experiment nicht vorbereitet. Die AfD erlebte enormen Zulauf, die Silvesternacht in Köln, der Anschlag auf den Weihnachtsmarkt in Berlin und Berichte über Vergewaltigungen, Messerattacken und vereitelte Terroranschläge sorgten für viel Unmut und Unsicherheit. Man hatte Angst, die Regierenden hätten die

Lage nicht mehr unter Kontrolle, sie seien »Getriebene«. Die vielen einzelnen Paradebeispiele für gelungene Integration von Flüchtlingen gingen im medialen Rauschen zunehmend unter. Und die unzähligen freiwilligen Helfer, die bei der Verteilung von Spenden, Essen und Kleidern halfen, die Sprachunterricht anboten und sich für die Geflüchteten einsetzten, gerieten mit der Zeit an ihre Grenzen. Selbst die engagiertesten Helfer haben bald erkannt, dass der Staat kein klares Konzept für die Integration hatte und sich mit Symbolpolitik begnügte. Frustration machte sich bereit, unter den Helfern und unter den Flüchtlingen selbst. Die AfD war die große Gewinnerin dieser weitverbreiteten Frustration. Die Partei, die Anfang 2015 bundesweit bei 3 Prozent lag, kletterte innerhalb von nur zwei Jahren auf 13 Prozent in der Wählergunst.

Restauration statt Wandel

Sowohl Migranten als auch hier geborene Deutsche brauchen eine stabile Identität, ein Zusammengehörigkeitsgefühl sowie ein Gefühl von Würde und Anerkennung. Sie brauchen auch politische Emotionen. Bisher schafft der Staat es nicht, solche zu vermitteln.

Migration zwingt sowohl Zugewanderte als auch Einheimische, sich zu verändern. Doch ohne einen stabilen Boden und ohne attraktive Angebote will und wird sich niemand verändern. Ohne kulturelle und emotionale Verbundenheit mit dem Land, in dem man lebt, kümmert sich jede Gruppe um ihre Eigeninteressen, auf Kosten des Gemeinwesens.

Wenn der Staat kein Konzept anbieten kann, stoßen andere in diese Lücke. Sie bieten sehr viel einfachere Lösungen an, die da lauten, »ihr müsst euch nicht verändern, ihr dürft euch auch gar nicht verändern, sonst gebt ihr eure Identität preis«. Das hört man von Imamen und Islamisten, und diese Auffassung kennt man bereits von Erdoğan, der sich mit diesem Satz an die hier lebenden Türken wandte. Sie bestätigen die Menschen in ihren kulturellen, ideologischen und religiösen Grenzen und erheben diese sogar zu etwas Wertvollem, das es zu bewahren gilt.

Nichts anderes macht die AfD mit den überforderten und entfremdeten Deutschen. Populisten und Islamisten haben kein Konzept und kein Programm. Für sie ist die Vergangenheit wichtiger als die Zukunft, es geht um Bewahrung, um Restauration. Beide versuchen, alte Konzepte, die durch die Moderne, durch Globalisierung, Freiheit und Öffnung relativiert wurden, wieder als Mittelpunkt der Identität zu rehabilitieren: Nation, Religion, Männlichkeit, Personenkult. Sie leben davon, gegen die Eliten und das Establishment zu protestieren und ihre Anhänger mit einfachen Botschaften und Versprechungen zu ködern. Sie wissen, dass es dem Menschen eher liegt, in Zeiten der Verunsicherung etwas zu bewahren, anstatt den Wandel zu begrüßen. So erhebt der Nationalismus den Anspruch, Volkssouveränität wiederherzustellen und der Islamismus erhebt den Anspruch, die islamische Moral vor den Unsitten des Westens zu beschützen.

Es ist die Aufgabe von Politik und Zivilgesellschaft, sich nicht nur über den Zulauf auf Seiten der Rechten und den auf Seiten religiöser Fundamentalisten zu beklagen, sondern attraktive Gegenangebote zu machen: Verfassungspatriotismus, Freiheit und Vielfalt dürfen nicht länger leere Sonntagsreden bleiben, sondern müssen in politische Konzepte und lebendige Realitäten überführt werden. Wir brauchen einen »deutschen Citoyen«, der sich von seiner Untertanenmentalität befreit, und sich aktiv für Freiheit und demokratische Grundwerte einsetzt. Bürger, die die Freiheit dieser Gesellschaft nicht schätzen und verteidigen, die sie als selbstverständlich nehmen, geben diese Errungenschaften leichtfertig preis. Sie überlassen das Feld Rechtsnationalen und religiösen Fundamentalisten. Wir erleben derzeit eine Situation, in der Menschen, die verlernt haben, ihre Freiheit zu schätzen, auf Menschen treffen, die Angst vor der Freiheit haben. Beide Seiten sehen die jeweils andere als eine Gefahr für die eigene Position.

Im Umgang mit diesem Problem begeht die Integrationspolitik einen doppelten Fehler: AfD-Wähler werden im Namen der Toleranz ausgegrenzt, Neuzugewanderte werden muslimischen Communities überlassen. Diese Ächtung führt zu einer Bestätigung des Weltbildes der Parteianhänger, einer Opferhaltung gegenüber denen»da oben«, denen man es jetzt erst recht zeigen werde. Und in den Islamverbänden lernen die Einwanderer, wie sie sich von Deutschland und seinen Werten abgrenzen können.

Es ist geradezu ein Witz, dass eine türkisch-islamische Organisation, die direkt von der türkischen Regierung gelenkt und finanziert wird und die Kriegspropaganda und Hetze gegen Kurden betreibt als Partner des Staates in Sachen Integration und Islamunterricht fungiert. Vereinigungen wie Ditib bekommen viel Geld vom Staat, auch, um sich um Flüchtlinge zu kümmern. Man muss sich doch fragen, ob nicht vielleicht auch ein Mangel an Freiheit – religiöser und individueller – und ob nicht auch ein System, das auf Unterdrückung, Märtyrerkult und Propaganda setzt, Menschen aus Ländern wie Irak, Syrien und Afghanistan in die Flucht getrieben haben. Wie können Organisationen, die zumindest in Teilen an solchen Prinzipien festhalten, der Integration dienen?

Dahinter steckt das Konzept der Teilhabe. Kluge Regierungsberater meinen, man könne Migranten nur durch mehr Teilhabe integrieren. Die Idee ist richtig, wenn es um einzelne Menschen geht, doch wenn islamistischen Institutionen mehr Teilhabe ermöglicht wird, besteht die Gefahr, dass sie die Gesellschaft unterwandern. Das bestätigt der Aufstieg von Erdoğan und seiner Partei in der Türkei. Alles begann mit dem Wunsch der Islamisten, in den 1980er-Jahren private Schulen zu eröffnen. Sie beteuerten, sie seien apolitisch und wollten nur einen Beitrag zur Bildung leisten. In diesen Schulen wurden viele junge Menschen indoktriniert und islamisiert, die später wichtige Positionen im Bildungssystem, in der Justiz und in der Armee bekleideten. Der nächste Schritt war der Wunsch, das Kopftuch wieder an Schulen und Universitäten zuzulassen, alles im Namen der Teilhabe. Schrittweise kam es zu einer Re-Islamisierung der säkularen türkischen Gesellschaft. Seit der Machtübernahme rückte die AKP, ein enger Verbündeter der Muslimbruderschaft, immer weiter nach rechts; seit der Verfassungsreform 2017 ist an die Stelle eines parlamentarischen Regierungssystems ein Präsidialsystem getreten, seit 2016 gibt es immer wieder Bemühungen, die Verfassung durch eine islamische zu ersetzen, die Unabhängigkeit der Justiz ist gefährdet, unliebige Journalisten und Medien werden verfolgt.

In Deutschland gehen die Islamisten mit der gleichen Salamitaktik vor und bauen ihre Netzwerke mit dem Verweis auf Toleranz und Teilhabe aus. Indem man aber die islamischen Vereine fördert versperrt man den Weg für Menschen, die sich aus diesen patriarchalischen Strukturen befreien wollen. Vor allem Frauen leiden unter diesen Strukturen. Es reicht nicht, nur die Kapazitäten von Frauenhäusern zu erhöhen, um mehr muslimische Frauen, die unter Gewalt leiden, aufnehmen zu können. Man braucht eine Art Ermächtigungsstrategie für Menschen, die die Kultur der Unfreiheit ablehnen und sich aus ihr befreien wollen. Solange es diese Strategie nicht gibt, sollte man zumindest aufhören, die Feinde dieser Menschen zu unterstützen.

Rassismus und Islamophobie

Sicher, es gibt viele Muslime, die sich durch eigene Anstrengung von den patriarchalischen und islamistischen Strukturen befreit haben. Manche von ihnen werden als Musterbeispiele und Beruhigungspille für die Öffentlichkeit präsentiert. Doch sie sind nicht zahlreich genug, um die Ketten der Unfreiheit sprengen zu können. Außerdem wirken sie nicht in ihre Communities zurück, da sie dort als Nestbeschmutzer gelten. Ihre Kritik an rückständigen patriarchalischen und religiös-fundamentalistischen Verhältnissen in den Communities wird in den Medien leider oft als Rassismus oder Islamophobie zurückgewiesen.

Gerade der Begriff »Islamophobie« zeigt, woran die Debatte längst erkrankt ist. Dieser Begriff ist nicht nur irreführend, sondern auch gefährlich. Er ist irreführend, weil er den Eindruck vermittelt, Muslime und der Islam wären dasselbe. Eine Sichtweise, die nicht nur muslimische Fundamentalisten haben, sondern auch rechte Fanatiker, die zwischen Mensch und Ideologie nicht unterscheiden können. Auch in der Integrationspolitik folgt man dem Irrglauben, Muslime seien über den Islam integrierbar: Um Muslime zu schützen, sollte man auch ihre Religion in Schutz nehmen. Aber auch Muslime sind Menschen und haben individuelle Menschenrechte. Diese Rechte zu schützen ist das höchste Gut. Zu diesen Rechten gehört ohne Zweifel das Recht auf freie Religionsausübung. Der Koran ist ein Bündel an Gedanken und Regeln, manche davon sind gut, andere nicht. Es ist vollkommen in Ordnung, einzelne Aspekte zu kritisieren, vor allem dann, wenn sie sich gegen die Menschenrechte richten. Was ist schlimm daran, den Gedanken zu kritisieren, der die Menschheit in Gläubige und Ungläubige unterteilt? Oder die Idee, dass ein Mann seine Frau schlagen darf, um sie zu züchtigen? Oder die Vorstellung, dass diejenigen, die an Gott nicht glauben, ewig in der Hölle schmoren werden? Oder die Überzeugung, das Beste, was einem Gläubigen widerfahren kann, sei es, im Kampf gegen die Ungläubigen als Märtyrer zu fallen?

Jemand, der solche Vorstellungen kritisiert oder der Angst vor ihnen hat, leidet sicher nicht an einer Phobie, also an einer unbegründeten pathologischen Angst. Eine Kritik daran zeugt vielmehr von gesundem Menschenverstand, vom Glauben an die

Werte von Gleichberechtigung und Freiheit. Warum wird jemand, der solche Botschaften des Hasses und der Unterdrückung ablehnt, der die Intoleranz einer Religion kritisiert, ausgegrenzt und als intolerant bezeichnet?

Auch wenn man das Vorgehen von Erdoğan oder den Islamverbänden kritisiert, taucht der Begriff Islamophobie sofort als Keule auf. Der Vorwurf der Islamophobie kann Muslime vor Hass und Ausgrenzung nicht schützen. Im Gegenteil. Wenn jede Form der Kritik als Ausdruck von Intoleranz zurückgewiesen wird, führt das letztlich nur zu mehr Ablehnung. Und dazu, dass Islamisten ihre antidemokratische Ideologie weitgehend ungestört verbreiten können.

Dazu kommt, dass dieser Begriff Akademiker, Intellektuelle, Journalisten und Politiker, die die Theologie der Gewalt im Islam kritisch betrachten, einschüchtert. Der Vorwurf »islamophob« ist, ebenso wie der Vorwurf »Nazi«, ein Totschlagargument. Wer sein Gegenüber zum Schweigen bringen will, nennt ihn einfach islamophob und würgt damit jede Diskussion und kritische inhaltliche Auseinandersetzung ab.

Das Anliegen, Muslime vor Hass und Ausgrenzung zu schützen, ist legitim und verständlich. Denn Hass und Ausgrenzung sind nicht nur vorhanden, sie nehmen auch zu. Doch wer Muslime wirklich schützen will, sollte nicht ihre Religion gegen Kritik immun machen, sondern Muslime ermächtigen, über die Probleme ihrer Religion ehrlich zu diskutieren, und dafür brauchen wir die Islamkritik. Man hilft Muslimen nicht, indem man eine Mauer um ihre Religion baut, sondern indem man sie ermuntert, die Mauer des Patriarchats und der Bevormundung zu überwinden. Indem man sie ermuntert, Selbstkritik zu üben und Religionskritik als Chance zu begreifen. Denn Freiheit bedeutet nicht nur, die eigene Religion auszuüben, sondern auch, sich von den Zwängen dieser Religion zu befreien.

In einer pluralistischen Gesellschaft müssen Meinungen vielfältig sein. Das ist die Voraussetzung für eine offene Debatte, die zur Lösung unserer Probleme beitragen kann. Wer diese Debatte durch Denk- und Sprachverbote verhindert, trägt zu einer Verschlechterung der Lage bei. Und das wäre nicht weniger als der Anfang vom Ende der Demokratie.

Integration heißt, eine Entscheidung zu treffen

Integration kann nicht gelingen, wenn wir uns einen kritischen Blick verbieten oder gegen Kritiker reflexartig eine Keule schwingen. Wir brauchen eine offene Diskussion darüber, welche Integrationsangebote und Teilhabemöglichkeiten wir bieten können, aber auch darüber, welche Integrations*gebote* und Sanktionsmöglichkeiten für Integrationsverweigerer es geben könnte. Wir wissen mittlerweile, was wir Migranten anbieten können und müssen: Zugang zu Bildung und zum Arbeitsmarkt, Teilnahme an Förderprogrammen und die Gewährung von Schutz vor Rassismus und Diskriminierung beispielsweise. Aber wir wissen immer noch nicht, was wir von ihnen verlangen können und ob wir das überhaupt dürfen.

Als der türkische Präsident Erdoğan bei seiner Rede in Köln sagte, Assimilation sei ein Verbrechen gegen die Menschlichkeit, stimmten viele Muslime in diesem Land dieser extrem gefährlichen Aussage zu oder haben zumindest geschwiegen. Eigentlich muss Assimilation das langfristige Ziel sein, wenn wir wollen, dass Migranten sich hier wirklich integrieren. Assimilation bedeutet eine Anpassung an bestehende Verhältnisse: Es bedeutet auf lange Sicht, sich mit Deutschland emotional, kulturell und national zu identifizieren, so wie das heute Millionen Amerikaner tun, die aus aller Herren Länder eingewandert sind. Es bedeutet nicht, dass man seine Wurzeln verleugnen muss. Aber man muss sich dessen bewusst sein, dass es eine Illusion ist, alle

Elemente beider Kulturen in sich tragen zu können, ohne dass es zu einem Konflikt kommt. Es bedeutet, eine Entscheidung darüber treffen zu müssen, welche Werte für einen wirklich maßgebend sind.

Migration ist nicht die Mutter aller politischen Probleme, wie Innenminister Horst Seehofer sagte und vor ihm schon Thilo Sarrazin und die AfD meinten. Sie ist lediglich ein Symptom, das die versteckten Krankheiten dieser Gesellschaft offenlegt: falsch verstandene Toleranz, Mangel an Vertrauen, Konzeptlosigkeit, Angst vor dem Wandel, die Abwesenheit von verbindenden Spielregeln für das Zusammenleben, also das Fehlen einer aufgeklärten Leitkultur. Einer Leitkultur im Sinne von Bassam Tibi, nicht im Sinne von konservativen Politikern, die diesen Begriff vorschnell nationalisieren, als würde es um Currywurst, Grünkohl, Oktoberfest und alle möglichen Attribute der deutschen Folklore gehen. Eine Leitkultur, die sich auf die westlichen Werte beruft, die das Ergebnis aller positiven wie negativen Erfahrungen Deutschlands mit der Demokratie zusammenfasst. Eine Leitkultur, die nicht spaltet, sondern wirklich leitet und allen Seiten offenbleibt, die aber auch verbindende Werte diktiert, die nicht verhandelbar sind.

Deshalb sehe ich Migration auch als Chance, denn sie zeigt uns, was in dieser Gesellschaft schiefläuft. Man muss ein Problem erst erkennen, damit man nach einer Lösung suchen kann. Und diese Lösung kann nur durch eine Debatte über die Interessen des Gemeinwesens gefunden werden. Diese Debatte kann zu einem Findungsprozess werden, an dessen Ende ein neues, deutsches Selbstverständnis steht.

Kapitel 9

Die Wertepyramide, oder: Manifest für eine aufgeklärte Leitkultur

Deutschland steht am Scheideweg. Die Erosion der Demokratie und die Politikverachtung scheinen Selbstläufer zu sein. Viele Probleme wie Migration, Desintegration, Radikalisierung, Rechtsruck und Spaltung scheinen sich zu manifestieren. Die Mitte schwankt zwischen Angst, Wut und Gleichgültigkeit und kümmert sich vornehmlich um Besitzstandswahrung. Die Gestaltung des Landes überlässt sie der Wirtschaft und der Politik. Und für die Verantwortlichen dort wachsen die Probleme schneller als die Kapazitäten, sie zu lösen.

Das sind Phänomene, die nicht auf Deutschland allein beschränkt sind, wir erleben sie weltweit. Der Wandel verunsichert den Menschen und verleitet ihn zum Rückzug. Es gibt keine Grenzen mehr, nicht nur das Kapital wandert und sucht überall nach Möglichkeiten, sich zu mehren. Den gebildeten kosmopolitischen Eliten stehen die Abgehängten und die sich davor Fürchtenden gegenüber. Die neue Front im Klassenkampf verläuft zwischen Wutbürger und Weltbürger. Alles, was wir heute an Abschottungstendenzen in der Welt erleben, ob in den USA, in Brasilien, in Ungarn unter Orban und einigen seiner Nachbarstaaten, in Indien usw. sowie der Fundamentalismus in der islamischen Welt sind politische und gesellschaftliche Gegenreaktionen auf die ungesteuerte Globalisierung des Weltmarkts und der Kultur. Heute kann man in einer Bar in Sydney, Tokio oder Berlin sitzen und im Hintergrund läuft die gleiche Musik. Man streamt die gleichen Serien, in den Fußgängerzonen haben die gleichen Marken ihre Flagship-Stores. Selbst die Esskultur wird zunehmend homogenisiert. Die Idee des Weltbürgertums war nie realer als heute.

Das ist auf der einen Seite großartig, auf der anderen Seite provoziert diese Entwicklung wie erwähnt Ängste und Rückzugstendenzen, sie bereitet den Boden für Fundamentalismus und Gewalt. Viele der neuen Weltbürger nehmen die Errungenschaften, die dieses Weltbürgertum ermöglicht haben, als selbstverständlich hin. Als wären Freiheit, Demokratie, Menschenrechte und Gleichberechtigung immer da gewesen. Wir erleben einen Rückzug in neue Egoismen, die Eigeninteressen über das Gemeinwesen stellen. Nicht nur die Mitte ist politisch erschlafft, gerade junge Menschen werden immer apolitischer, wenn es um demokratische Teilhabe geht. Wie groß war das Entsetzen gerade der jungen Briten, die sich mit dem Brexit um ihre Zukunftschancen gebracht sahen – und wie vergleichsweise gering war ihre Beteiligung, als es darum ging, genau über diese Zukunft abzustimmen. Die wenigsten von ihnen lesen noch Bücher oder beschäftigen sich fundiert mit einem Thema, das eine etwas längere Aufmerksamkeitsspanne erfordert. Sie bewegen sich in der virtuellen Welt der sozialen Medien und scheinen manchmal zu denken, mit einem »Like« auf Facebook könnten sie gegen rechts kämpfen und gleichzeitig noch die Umwelt retten. Demokratie ist anstrengend, die Prozesse der Entscheidungsfindung können quälend und langwierig sein. Wie schwer es ist, einen Konsens zu finden, erlebt man regelmäßig in Brüssel.

Es scheint, als seien wir zu Wirtschaftsuntertanen ohne Konturen und ohne Verteidigungsmechanismen gegen globale und nationale Umwälzungen geworden. Früher war die Unterdrückung so deutlich, dass man sich entweder gefügt oder dagegen aufbegehrt hat. Heute tappt man in die Falle der Unfreiheit, weil man glaubt, Freiheit sei ein Selbstläufer.

Auf politischer Ebene haben sich die Positionen der Parteien so angenähert, dass kaum noch wirklich kontroverse Debatten angestoßen werden. Die Grünen, früher die Rebellen im Bundestag, gelten heute als potenzielle Koalitionspartner für die Konser vativen, sie haben der FDP als Partei der Besserverdienenden den Rang abgelaufen. Gebildete wohlhabende Städter gehören zu ihren Hauptwählern, die Partei gibt den moralischen Wächter, fällt aber kaum noch als Impulsgeber für neue Denkanstöße auf. Das Ziel der meisten Parteien scheint aktuell nicht, Deutschland mutig neu zu gestalten, sondern die AfD in Schach zu halten. Wer aber selbst keine Themen setzt, lässt zu, dass andere in diese Lücke stoßen. Genüsslich weist die AfD immer wieder darauf hin, die letzte verbliebene Opposition im Lande zu sein, die Agenda zu setzen, die anderen vor sich herzutreiben. Und die bürgerliche Mitte meint, als Zeichen gegen rechts reiche der Besuch einer »Wir sind bunt«-Veranstaltung mit einem Konzert der Toten Hosen. Danach geht man beruhigt wieder nach Hause und fühlt sich gut, ohne ein einziges Problem gelöst zu haben, das zum Aufstieg der Rechten geführt hat.

Sollte diese Mitte sich nicht aus ihrer Lethargie befreien, werden Populisten aller Couleur noch mehr Macht gewinnen. Man mag glauben, dass die Mitte aufwachen wird, wenn die Demagogen an die Macht kommen. Man mag denken, dass sie sich schon selbst entlarven werden, wenn offensichtlich wird, dass sie keine Konzepte, keine Antworten auf die komplexen Fragen unserer Zeit haben. Man kann hoffen, dass sie dann aufstehen und um Demokratie und Freiheit kämpfen wird. Aber wann hat sie dies je getan? Hat sie sich nicht immer mit den Mächtigen, selbst mit den Diktaturen arrangiert und ihre Freiheit für Wohlstand und vermeintliche Sicherheit aufgegeben?

Deutschland braucht eine Versöhnung mit sich selbst. Das aufgeklärte, demokratische Herz, nicht das ängstliche, muss die Schaltzentrale der deutschen Seele werden. Deshalb brauchen wir eine offene Wertedebatte, die sich weder gegen bestimmte Gruppen richtet noch diese ausschließt. Wir brauchen eine ideologiefreie Debatte über Umweltschutz, über Säkularisierung, über Bildung im Zeitalter der künstlichen Intelligenz, über Migration und

Integration, über wirtschaftliche Zusammenarbeit in Zeiten der Globalisierung und über die Werte, die Europa und den Westen definieren sollen und damit auch unsere Rolle in der Welt.

Wir sollten den Mut haben, diese Debatten zu Ende zu führen und nicht um des lieben Friedens Willen einen schnellen Konsens suchen. In seinem Leitkultur-Konzept nannte der Politikwissenschaftler Bassam Tibi die Werte der Aufklärung als Maßstab: Freiheit, Toleranz, Menschenrechte und Säkularismus. In meinem folgenden Modell versuche ich, diese Werte zu konkretisieren. Sie sind kein in sich geschlossenes Konstrukt und sollen nur als Anregung für den dringend notwendigen Diskurs dienen.

Die Freiheit ist unteilbar

Wer die Freiheit des Denkens und des Handelns für sich beansprucht, darf die Rechte der anderen weder beschneiden noch infrage stellen. Das gilt für die Rechten, die vermeintlich für mehr Meinungsfreiheit und politische Teilhabe werben, doch die Religionsfreiheit und die Teilhabe von Migranten einschränken wollen und Meinungsfreiheit nur für ihre ideologisierten Inhalte reklamieren.

Das gilt aber auch für Migranten, die Glaubensfreiheit genießen, doch Religionskritik, Selbstbestimmung der eigenen Frauen und Kinder ablehnen oder beschränken.

Und das gilt für die Linken, die auf der einen Seite frei reden und demonstrieren wollen, auf der anderen Seite eine Lesung von Thilo Sarrazin, einen Vortrag von Thomas de Maizière oder eine Vorlesung des früheren AfD-Chefs Bernd Lucke stören. Meinungsfreiheit heißt, auch andere Meinungen aushalten zu müssen. Moralische Überlegenheit, Diskursverweigerung und Maulkörbe sind Feinde der Freiheit. Wer sie mit dem Verweis auf den Kampf gegen die Unfreiheit einsetzt, hat diesen Kampf bereits verloren. Denn wie sagte schon Rosa Luxemburg: »Freiheit ist immer Freiheit der Andersdenkenden.« Man kann sie nicht für sich reklamieren und jenen absprechen, die eine andere Meinung vertreten.

Diskursethik statt Gesinnungsethik

Eine wichtige Voraussetzung für den Erfolg eines Dialogs oder einer politischen Debatte ist eigentlich eine Selbstverständlichkeit: nämlich die Überzeugung, dass alle daran beteiligten gleichberechtigt sind und keiner nur deswegen recht hat, weil er zu einer bestimmten Gruppe oder einer politischen Richtung gehört. Ein Argument sollte nur danach beurteilt werden, wie sachlich und rational es begründet ist. Moralismus, Empörung, Rechthaberei und die Aufwertung von Gefühlen auf Kosten von Argumenten schaden dem Diskurs und machen eine freie Streitkultur unmöglich. Diese ist aber für den Selbstverständigungsprozess und für die Lösung der Probleme des Landes unverzichtbar.

Manche Politiker, Intellektuelle, Vertreter von Kirchen und anderer Stützpfeiler der Zivilgesellschaft lehnen eine Diskussion mit AfD-Politikern oder Anhängern ab. Sie sitzen dem Trugschluss auf, das rechte Lager durch Ächtung schwächen zu können. AfD-Bashing und das Warnen vor den Gefahren, die von dieser Partei ausgehen, haben die Partei weder geschwächt noch ihre Anhänger zum Umdenken gebracht, denn diese Partei lebt von ihrer Opferrolle einerseits und von ihrer ablehnenden Haltung gegenüber der politischen Klasse andererseits. Sich moralisch über sie zu erheben, ohne sie argumentativ zu konfrontieren bzw. zu entlarven, ist letztlich eine Form von Politikverweigerung, die die Ränder nur weiter stärken wird. Wer abweichende Meinungen ablehnt, ohne sich intellektuell oder politisch damit auseinanderzusetzen, verweigert sich dem Diskurs und ebnet den

Weg für eine Vertiefung der gesellschaftlichen Spaltung. Diese kann nur verringert werden, wenn man in Dialog tritt – und zwar mit jenen, die anderer Meinung sind.

Gleichermaßen hilft man Migranten nicht dadurch, dass man mit religiösen und nationalistischen Migrantenverbänden gemeinsame Sache im Namen der Teilhabe macht oder wenn man die rational begründete Kritik am Islam mit Rassismus gleichsetzt. Im Gegenteil, davon profitieren nur Islamisten und die verlängerten Arme ausländischer Regierungen, die der Integration entgegenwirken. Denn diese nutzen die Rassismus- und Islamophobie-Keule als Schutzschilde, um ihre antidemokratischen Projekte auch hierzulande durchzuboxen.

Zivilcourage statt Untertanen-Mentalität

Viele denken, ihre politische Pflicht sei damit getan, wenn sie gegen ihre politischen Gegner im Netz hetzen oder wenn sie wählen gehen. Oder wenn sie nach einem Angriff auf eine Moschee, eine Synagoge oder einen Weihnachtsmarkt mit einer Kerze an einer Solidaritätsdemo teilnehmen. Oft schweigen sie aber und bleiben untätig, wenn ein rassistischer Angriff vor ihren Augen stattfindet. Sie delegieren ihre bürgerlichen Pflichten an die Parteien und beklagen sich dann über fehlende politische Gestaltungsmöglichkeiten. Nur Untertanen erwarten, dass die Gestaltung der Gesellschaft und die Sicherung der Freiheit von der Obrigkeit übernommen werden. Und nur Untertanen beschweren sich darüber, dass ihnen Freiheit und Teilhabe von der Obrigkeit vorenthalten werde. Solche Beschwerden und die Wut auf »die da oben« sind Ausdruck der Weiterentwicklung jener Untertanenmentalität, die im 19. Jahrhundert Teile des deutschen Bürgertums geprägt hat. Man war Bürger von Königs bzw. Fürstens Gnaden. Heute schlägt man zwar nicht mehr die Hacken vor den Oberen zusammen und neigt demütig das Haupt, heute delegiert man seine demokratischen Pflichten an sie. Wir brauchen einen neuen mündigen Bürger, der weiß, welche großartigen Errungenschaften diese Gesellschaft hervorgebracht hat. Der weiß, dass die Rechte und Freiheiten, die er hier genießt, nicht selbstverständlich sind, und der bereit ist, sich mit Zivilcourage und Engagement für deren Verteidigung einzusetzen.

Solidarität setzt Selbstverantwortung voraus

In Deutschland engagieren sich viele Menschen ehrenamtlich. Der Bürger erklärt seine Solidarität mit dem Staat und mit dem Gemeinwesen, indem er ehrlich seine Steuern zahlt und die Gesetze achtet. Viele Empfänger staatlicher und ehrenamtlicher Leistungen sind auf diese Solidarität angewiesen. Dieses System kann aber nur aufrechterhalten werden, wenn die Empfänger solcher Leistungen ihrerseits Solidarität zeigen. Bequemlichkeit, Anspruchsmentalität, Sozialbetrug und Steuerhinterziehung stören das soziale Gleichgewicht und die Stabilität des Landes. Solidarität kann man nicht erzwingen, sie entsteht durch das Interesse am Gemeinwesen und durch das Gefühl, dass dieses Gemeinwesen alle Bürger gleichbehandelt und dass es allen zugutekommt. Man ist für den Staat da, wenn man sich mit ihm identifiziert und versteht, dass alle Bürger im gleichen Boot sitzen, die gleichen Werte teilen und dass alle aufeinander angewiesen sind. Deshalb ist eine Wertedebatte auch für die Produktivität und wirtschaftliche Effizienz der Gesellschaft unerlässlich.

Loyalität dem Gemeinwesen gegenüber

Jede politische, gesellschaftliche oder religiöse Gruppierung versucht, den öffentlichen Raum und die Institutionen für die eigenen ideologischen Zwecke zu nutzen. Das ist legitim, solange dies auch dem Gemeinwesen zugutekommt. Wenn aber das Interesse am Gemeinwesen nur der Sicherung der eigenen Pfründe dient und Egoismen folgt, wird dieses Gemeinwesen unterhöhlt.

Eine Identifikation mit dem Gemeinwesen bedeutet nicht die Annullierung religiöser und ethnischer Identitäten oder die Vereinheitlichung der politischen oder ideologischen Richtungen. Aber es kann uns helfen, wenn man auf der Straße und im öffentlichen Raum deutsch ist und zuhause irgendeine andere Identität pflegt. So wie es keinen Widerspruch zwischen Deutsch-Sein und Berliner-Sein geben darf, sollen die kleineren Identitäten nicht als Gegensatz oder Konkurrenz zum Deutsch-Sein empfunden werden. Da kann uns sogar die Rehabilitation regionaler Identitäten weiterhelfen, denn oft sind sie nicht so kompliziert und konfliktbeladen wie die große deutsche Identität. Es fällt Menschen leichter, sich mit einer überschaubaren Gruppe zu identifizieren, die man gut kennt und mit der man direkt kommuniziert und verhandelt. Vielen Migranten fällt es leichter, sich mit ihren Städten oder dem örtlichen Fußballverein zu identifizieren als mit diesem überdimensionalen Konstrukt namens Deutschland, das sie kaum begreifen oder erfassen können. Auch in den Städten und Kommunen ist das Gemeinwesen erfassbarer und hat mit dem Alltag und den Interessen der Menschen mehr zu tun. Es ist kein Wunder, dass Bayern das erfolgreichste Bundesland ist, weil die regionale Identität dort am stärksten ist und auch von der Politik gewürdigt wird. Auch dort wird der bayerische Dialekt als Kulturerbe gepflegt und gewürdigt. Politiker, Künstler, Schauspieler und Kabarettisten reden gerne bayerisch, und das nicht nur in Bayern. Dagegen schämt sich ein Sachse für seinen Dialekt, wenn er nach

Hamburg wegen der Arbeit wechselt. Das kommt davon, dass man in bestimmten Regionen in Deutschland den Dialekt als Beleg dafür hält, dass man nicht intellektuell oder kosmopolitisch genug ist. Manche dieser angeblichen kosmopolitischen Kabarettisten ziehen diese Dialekte ins Lächerliche und verbinden sie mit Dummheit oder beschränkter Welt. Dabei wäre die Rehabilitation der regionalen Identität die Tür zum Verständnis der und Bekenntnis zur gesamten deutschen Identität. Ein weiteres Motto der Europäischen Union lautet »Europa der Regionen«. Auch da ist der Ansatz richtig, wenn man die nationalen Identitäten dazwischen nicht überspringt. Denn in der kleinen Heimat liegt die Wurzel der Identität, und wer keine Wurzeln hat, kann nicht wirklich wachsen, geschweige denn andere zur eigenen Gemeinschaft einladen.

Für einen aufgeklärten Säkularismus

Ein aufgeklärter Säkularismus ist vermutlich die beste und einzig friedliche Voraussetzung für das Zusammenleben unterschiedlicher religiöser und nichtreligiöser Gruppen. Nur wenn der Staat die gleiche Distanz zu allen Gruppen wahrt und keiner mehr Privilegien einräumt als der anderen, ist die Gleichberechtigung garantiert. Religiöse Gruppen und Institutionen sind wichtig für die eigenen Anhänger und auch für das Gleichgewicht in der Gesellschaft. Doch wenn diese im Namen der Religionsfreiheit mehr Einfluss in Bildung, in den Medien, in der Wirtschaft und im Gesundheitswesen erlangen, wird das Gleichgewicht gestört – auf Kosten der Neutralität des Staates und auf Kosten der Individuen, die oft unter den Machtstrukturen einer religiösen Institution oder Gruppierung leiden.

Die unvollendete Säkularisierung Deutschlands bietet eingewanderten wie einheimischen religiösen Institutionen Schutzräume, in denen die Errungenschaften der Aufklärung untergraben werden können. Viele demokratisch-freiheitliche Werte wie die Gleichberechtigung von Mann und Frau, das Recht auf Abtreibung, Gewissens- und Meinungsfreiheit, Pluralismus und religiöse Toleranz wurden in der Vergangenheit auch gegen den Widerstand der Kirchen durchgesetzt. Diese Werte dürfen heute im Namen der Toleranz und des Multikulturalismus weder relativiert noch infrage gestellt werden. Die Vermischung von Religion und Staat hat in der Vergangenheit Deutschland und bis heute viele islamische Staaten zu Orten des Fanatismus und der Intoleranz gemacht. Für ein gelungenes Zusammenleben verschiedener Religionen auf deutschem Boden ist eine konsequente Säkularisierung unverzichtbar. Die Ermächtigung der Individuen gegen die Machtstrukturen der religiösen Institutionen verstößt nicht gegen das Gebot der Religionsfreiheit, denn Freiheit und Selbstbestimmung des Individuums sind die Voraussetzungen für alle anderen Freiheiten. Nicht zuletzt kann ein unfreier Mensch niemals ein guter Gläubiger sein.

Pluralismus statt Multikulturalismus

Pluralismus ist eine wunderbare Errungenschaft der westlichen Demokratie. Er ist ein Kind des Humanismus, der den Menschen in den Mittelpunkt stellt, Hautfarbe, Religion und Ideologie in den Hintergrund. Die pluralistische Gesellschaft schreibt dem Individuum keine bestimmte politische oder religiöse Ideologie vor und zwingt ihm auch keine bestimmte Lebensweise auf. Gleichwohl sind für den Zusammenhalt der Gesellschaft gewisse Werte und Umgangsformen unerlässlich.

Unter der Herrschaft von Friedrich dem Großen wurde das Prinzip der Toleranz eingeführt. Deutsche, Juden und Hugenotten genossen weitgehende Freiheiten, solange sie sich an die geltenden Gesetze und Sitten hielten und die Loyalität zum König nicht infrage stellten. Jeder durfte nach seiner Façon selig werden, doch auf der Straße waren sie alle Preußen. Preußen kann als Schmelztiegel verschiedener Sprachen, unterschiedlicher Religionen und Ethnien gesehen werden, verbunden unter einem gemeinsamen Staatswesen.

In den USA galt die Idee des »Melting Pot« lange als Integrationsstrategie. Aus dem Fehlen einer gemeinsamen Herkunft und Geschichte der Zuwanderer entwickelte das Land die Vision einer gemeinsamen Zukunft und einer neu entstehenden amerikanischen Identität. Weil die aber nicht in die Lebensrealität aller Gruppen gleichermaßen hineinwirkte, Diskriminierung zum Alltag gehörte, rückte mit der Zeit das Modell der multikulturellen Gesellschaft ins Zentrum. So gesehen ist Multikulturalismus ein Konzept, das aus dem Schuldbewusstsein heraus geboren wurde. In Anbetracht der amerikanischen Geschichte, in deren Laufe den Indigenen und den afroamerikanischen Sklaven viel Leid zugefügt wurde, und im Lichte der Rassentrennung, die in den 1960er-Jahren noch Realität war, war diese Haltung nicht nur nachvollziehbar, sondern auch notwendig. Das Konzept der »diversity« entwickelte sich zu einem intellektuellen Gebot. Als Reaktion darauf entstand seitens der Afroamerikaner die Bürgerrechtsbewegung, die wichtige Arbeit geleistet hat für mehr Anerkennung und Gleichberechtigung für Minderheiten. Im Laufe der Zeit radikalisierten sich jedoch sowohl die Multikulti-Fürsprecher als auch die Bürgerrechtsbewegung. Was gedacht war als Brücke zwischen unterschiedlichen Gruppen entpuppte sich als spaltendes Element für die Idee einer gemeinsamen Identität.

Die Diversity-Bewegung führte später das Konzept von Political Correctness ein, wo eine Art Sprachpolizei alle Begriffe, die Minderheiten betreffen, kontrollierte bzw. umwandelte. Quoten wurden eingeführt, um Minderheiten Teilhabe zu ermöglichen. Das war notwendig, hatte aber eine Schattenseite, denn auf der anderen Seite entwickelte die Bürgerrechtsbewegung nach dem Attentat auf Martin Luther King einen Opferdiskurs, der nicht etwa die fehlende Gleichberechtigung von Weiß und Schwarz anprangerte, sondern die Überlegenheit der schwarzen Rasse erklärte und die Bösartigkeit der Weißen betonte. Die Bewegung, die von Malcom X angeführt wurde, verbündete sich mit der radikalen und extrem rassistischen »Nation of Islam«. Aus »Black is beautiful« wurde »Black is better«.

Der Diversity-Diskurs auf der einen und der Opferdiskurs auf der anderen Seite dominierte die Debatten an den Universitäten, in den Medien und in der Politik. Aus einer Vielfalt im Nebeneinander wurde ein Gegeneinander von Gruppen, die ihre Identität durch die Abgrenzung von der Gegenseite definierten. Heute reicht die Spaltung so tief in die amerikanische Gesellschaft hinein, dass auf den Versöhnungsversuch von Obama ein Donald Trump folgte, der seinen verbitterten Anhängern versprach, das Land »zurückzuholen«. Das Schuldbewusstsein schlug ins Gegenteil um, weil diese Form der Identitätspolitik die Menschen nicht zusammengebracht, sondern eine Identität gegen die andere ausgespielt hatte.

Sowohl der Multikulti-Diskurs als auch der Opferdiskurs kamen auch nach Europa, zunächst nach England, dann nach Deutschland. Beide Diskurse prägen bis heute die Migrationsdebatte auf akademischer und politischer Ebene. Statt eine integrierte Gesellschaft zu schaffen, wurden im Namen der Vielfalt die Differenzen zwischen den verschiedenen ethnischen und religiösen Gruppen institutionell und finanziell gefördert. Dadurch wurde entscheidend dazu beigetragen, Parallelgesellschaften entstehen zu lassen, die nun beklagt werden. Das Multikulti-Experiment wehrte sich gegen die Idee, dass es einer überbrückenden nationalen Identität bedürfe, auf der Basis der Mehrheitskultur eines Landes.

Diese Form der Identitätspolitik hat die Falschen ermächtigt.

Nicht benachteiligten Migranten wurde die Teilhabe ermöglicht, sondern gut organisierten, aus dem Ausland finanzierten Organisationen mit politischen Ambitionen. Multikulti hat die Unterschiede zelebriert, statt die Gemeinsamkeiten zu finden und zu betonen. Sie hat für eine Willkommenskultur plädiert, ohne eine Leitkultur oder Leitwerte zu definieren, die das Zusammenleben regeln. Der moralische Relativismus, der oft mit einer Kultur des westlichen Selbsthasses verbunden ist, hat dazu geführt, dass Teilhabe als Einbahnstraße verstanden werden konnte. Und dass man neu Zugewanderte damit von der Pflicht entband, Demokratie und rechtsstaatliche Regeln anzuerkennen.

Statt des (gescheiterten) Multikulturalismus-Konzepts brauchen wir ein neues effektives Konzept von Pluralismus, das keine Identität gegen die andere ausspielt, sondern ein Konzept für eine gemeinsame »Überidentität« sucht, das Konflikte entschärft und gemeinsame Ziele definiert. Wahrer Pluralismus befreit sich vom Fetisch der kulturellen Unterschiede und betont die zivilisatorischen Errungenschaften, die Europa ausmachen. Innerhalb dieses Konzepts ist es nicht wichtig, wo man herkommt, sondern wo man hinwill.

Liberalismus ist der Zwillingsbruder der Demokratie

Napoleon eroberte Deutschland und die Schweiz fast zeitgleich. Inspiriert von den Gedanken der Aufklärung und den Prinzipien der Französischen Revolution entstand in der Schweiz eine liberal-säkulare helvetische Republik von Napoleons Gnaden. Rechtsgleichheit, Glaubens- und Gewissensfreiheit und ein einheitlicher Wirtschaftsraum waren Kennzeichen des ersten modernen Staatswesens der Schweiz. Die Deutschen hingegen hielten nach wie vor am Alten Reich und der Herrschaft der Fürsten fest.

Der republikanische Gedanke blieb ihnen fremd. Zwar wurde die Zahl der unzähligen Einzelstaaten verringert, auch die Säkularisierung wurde von Napoleon angestoßen, doch nach seiner Niederlage 1815 wurde die monarchische Herrschaft wieder weitgehend restauriert. In der Schweiz war er zum Schirmherrn der Demokratie geworden, in Deutschland der Königsmacher geblieben. Der Liberalismus entsprach der deutschen Seele nicht. Und diejenigen, die sich gegen Napoleons Herrschaft gewehrt hatten, beriefen sich auf den Nationalismus, der für Frankreich und seine Werte nur Verachtung übrighatte. Das zweite Reich, entstanden nach den Kriegen mit Frankreich, definierte sich als die Gegenthese dazu.

Bismarck trieb zwar die Säkularisierung voran, hielt aber den Geist des Liberalismus von Deutschland fern. Die liberale Phase der Weimarer Republik währte nur kurz, sie konnte sich gegen politische Widerstände nicht halten. Ihr Liberalismus wurde sowohl von den Konservativen als auch später von den Nationalsozialisten als Fremdköper angesehen. In ihm witterte man undeutsche Elemente. Die Angst vor dem Chaos trieb Deutschland in die Arme der illiberalsten Herrschaft, die man je auf deutschem Boden erlebt hat.

Die erste Regierung nach dem Krieg war zwar demokratisch, aber sehr konservativ. Erst die 68er-Bewegung brachte den liberalen Geist nach Deutschland. Die einzige Partei, die das Wort »liberal« heute im Namen trägt, setzt dieses Konzept vor allem wirtschaftlich um. Ich hingegen verstehe Liberalismus im Sinne des Freiheitsgedankens von John Stuart Mill, der die Freiheit des Individuums als die Voraussetzung für alle Freiheiten sieht. Deutschland wollte von Mill nie etwas wissen. Von Voltaire auch nicht. Es ist höchste Zeit, sich mit deren Gedanken genauer auseinanderzusetzen und sie weiterzudenken, denn wahrer Liberalismus ist die beste Abwehr gegen antidemokratische Tendenzen, die im Land immer mehr Anhänger finden. Der Liberalismus ist keine Ideologie, sondern ein Zwillingsbruder der Demokratie. Wo er fehlt, steht die Demokratie nur auf einem Bein.

Soziale Gerechtigkeit statt Identitätsgerechtigkeit

Eine gerechte Gesellschaft ist nicht die, die alle Kulturen und Lebensstile für gleichwertig erklärt, sondern die, die den Individuen Freiheiten einräumt und ihnen hilft, sich von kultureller Bevormundung, sozialen und ideologischen Barrieren zu befreien. Die Ermächtigung von Frauen, egal ob sie aus der Mittel- oder der Unterschicht, aus muslimischen oder »biodeutschen« Familien kommen, ist die Voraussetzung einer gerechten Gesellschaft. Die Bekämpfung von und die Verhinderung der Entstehung neuer Parallelgesellschaften ist ein wichtiger Schritt in Richtung soziale Gerechtigkeit. Denn diese Parallelgesellschaften sind Rückzugsräume für Islamisten und kriminelle Clans, die auf Kosten der Schwächeren in den Migrantenmilieus ihre Geschäfte machen. Und immer noch herrscht soziale Ungleichheit in den Bereichen Teilhabe, Aufstiegschancen und Bildung. Das Konzept der Identitätsgerechtigkeit ermächtigt aber nur die organisierten patriarchalischen Gruppen, wertet sie politisch auf und macht es für Frauen und Kinder schwierig, sich von diesen Strukturen zu lösen. Unser Problem ist nicht, dass die Islamverbände nicht die gleichen Privilegien genießen wie die Kirchen, sondern dass Ali und Aisha immer noch schlechter gestellt sind als Max und Julia. Auch Herkunftsdeutsche aus sozial schwachen und bildungsfernen Familien haben schlechtere Aufstiegs- und Teilhabechancen als ihre Mitschüler aus der Mittel- und Oberschicht. Wenn das Prinzip der Identitätsgerechtigkeit nur gut organisierten Gruppen zugutekommt, nicht jedem einzelnen Individuum, dann hat das Ganze mit Gerechtigkeit nichts mehr zu tun.

Empathie als Voraussetzung für Toleranz

Wenn man seine Position immer durch Abgrenzung zur Position der anderen definiert und verteidigt, fehlt es oft daran, den anderen und ihrer Sicht der Dinge empathisch zu begegnen. Empathie ist viel mehr als die bloße Duldung des anderen. Empathie ist aber etwas anderes als Mitleid. Denn Mitleid ist genauso asymmetrisch wie die Duldung und reduziert den Menschen auf seine Schwächen. Der Mitleidende sieht sich in einer höheren und stärkeren Position und überhebt sich so über das Objekt seines Mitleids. Empathie aber sieht den Menschen als Ganzes. Diese Empathie ist aber erst möglich, wenn alle das Gefühl haben, gleichberechtigt zu sein und einen Zugang zum Diskurs, zu den und den Institutionen und Rechten einer Gesellschaft zu haben. Empathie soll hier auch als Kompetenz verstanden werden, die Ehrlichkeit und Aufrichtigkeit mit sich selbst verlangt. Also als die Fähigkeit, Dinge, die ich beim anderen kritisiere, auch in mir selbst zu erkennen. Das ist aus meiner Sicht die wichtigste Grundvoraussetzung für Toleranz.

Welche Werte sind noch unverhandelbar?

Empathie und Toleranz schließen aber nicht aus, dass eine Gesellschaft klare Werte definiert, die sowohl für die Einheimischen als auch für die Zugewanderten verbindlich sein müssen. Es wird oft behauptet, dass unser Grundgesetz und unsere freiheitlichen Werte unverhandelbar seien. Aber ist dem wirklich so? Geben wir nicht manche Rechte zu oft auf zugunsten eines vermeintlichen gesellschaftlichen Friedens? Und legen wir nicht verschiedene Maßstäbe an und rechtfertigen dies mit dem Verweis auf Toleranz und Vielfalt?

Die Liste dieser Werte, die eigentlich unverhandelbar sein

sollten und doch immer wieder zur Disposition stehen oder aufgeweicht werden, ist lang. Ich möchte an dieser Stelle nur ein paar herausgreifen: Wenn wir es beispielsweise ernst meinen mit der Meinungsfreiheit, müssen wir lernen, andere Meinungen auch stehen zu lassen. Wir müssen den Wert einer Streitkultur wieder mehr schätzen lernen und uns argumentativ mit anderen Haltungen auseinandersetzen und sie nicht mit Verboten belegen.

Wenn wir es ernst meinen mit der Gleichberechtigung von Mann und Frau, müssen wir diese auf allen Ebenen umsetzen. In den Familien ebenso wie in der Arbeitswelt. Und wir dürfen nicht hinnehmen, dass in Teilen unserer Gesellschaft diese Form der Gleichberechtigung kulturell und religiös bedingt nicht vorgesehen ist.

Wenn wir es ernst meinen mit dem Recht des Kindes auf körperliche Unversehrtheit, müssen wir dafür sorgen, dass Kinder angstfrei und ohne Gewalt erzogen werden. Und dass dieses Recht nicht durch Beschneidung verletzt wird.

Wenn wir es ernst meinen mit Religionsfreiheit, müssen wir auch jene ermächtigen, die frei von Religion sein und sich von ihren Zwängen befreien wollen.

Einige dieser Werte stehen manchmal in Konflikt zu anderen Werten: Bei muslimischen Mitbürgern sind das vor allem Glaubensfreiheit, sexuelle Freiheit und das Recht auf freie persönliche Entfaltung. In diesem Fall müssen individuelle Rechte Vorrang haben. Jede Freiheit hört immer da auf, wo die Freiheit anderer beeinträchtigt wird. Ein Muslim/eine Muslima sollte sich beispielsweise in sexueller Enthaltsamkeit üben können, darf aber nicht von der Glaubensgemeinschaft oder der Familie dazu gezwungen werden. Eine junge Frau darf sich für das Kopftuch entscheiden, doch ein sechsjähriges Kind darf nicht zum Tragen des Kopftuchs gezwungen werden. Familien dürfen im Namen der Glaubensfreiheit weder Jungen noch Mädchen beschneiden lassen, denn dies verstößt gegen das Recht auf körperliche Unversehrtheit. Mehr-Ehen, die Verheiratung von Minderjährigen und auch die Schächtung von Tieren dürfen nicht im Namen der Toleranz hingenommen oder relativiert werden.

Wer von den Vorzügen unserer Gesellschaft, von Toleranz, Freiheit, Gerechtigkeit und Solidarität profitieren will, darf seiner Frau, seiner Tochter und seinem Sohn die Vorzüge der persönlichen Freiheit nicht vorenthalten. Zuerst kommt die Individualität, dann die Identität. Wer Minderheiten ermächtigen will, sollte die Individuen ermutigen, sich von der Übermacht der Gemeinschaft zu befreien.

Eine gelungene Vielfalt innerhalb einer Gesellschaft braucht klare Spielregeln, die Missbrauch und das Wachsen von radikalen Gegenkulturen verhindern. Vielfalt ohne Selbstbewusstsein und Bestimmtheit lädt zu Anspruchsmentalität, Trägheit und Rückzug ein. Eine aufgeklärte Leitkultur ist insofern auch die Voraussetzung für eine gelungene Willkommenskultur!

Was Deutsch-Sein für mich bedeutet

Ein geografischer Zufall hat dafür gesorgt, dass ich in Ägypten geboren wurde. Ich war Spross einer muslimischen Familie, Sohn eines Imams und Dorfbewohner dazu, der sich an einen gewissen Moralkodex halten musste. Hocharabisch war meine offizielle Sprache, Ägyptisch mein Dialekt, eine Sprache, die arabische, alt-ägyptische und koptische Elemente in sich vereint. Ich habe mir meine Herkunft nicht ausgesucht, auch die damit verbundene Identität wurde quasi auf mich übertragen. Ich lernte von Kindesbeinen an, diese Identität zu lieben und zu verteidigen und sie als eine Antithese zu westlichen Identitäten zu betrachten.

Als ich anfing, in Kairo zu studieren, geriet meine alte Identität ins Wanken. Ich wurde nicht nur mit der Urbanität Kairos konfrontiert, sondern auch mit den Verheißungen der westlichen Zivilisation. Durch die Fremdsprachen, die ich an der Uni studierte, öffneten sich mir neue Türen zur Welt. Doch das Thema Identität an sich war für mich in Ägypten nicht zwingend, verhandelte ich doch nur über Nuancen ein und derselben Identität.

Als ich nach Deutschland kam, änderte sich das. Erst hier wurde mir bewusst, dass ich Ägypter, Araber und Muslim bin. Deutschland, das vor meiner Ankunft meine Hoffnung auf Freiheit symbolisierte, wurde plötzlich zum Land der Kreuzritter und der Sünde. Dabei war ich nach Deutschland gekommen, um vor meiner Kultur zu fliehen, die ich nun nicht nur zu verteidigen, sondern auch zu glorifizieren begann. Ich fürchtete den Verlust der eigenen, der alten Identität, die mir nun als einziger Stabilitätsfaktor erschien in einer fremden Welt, die auch mich durch eine bestimmte Brille wahrnahm. Ich war der Ausländer, der Fremde. Beides bedingte und verstärkte einander.

Und so durchlief meine Beziehung zu Deutschland mehrere Etappen. Aus der Ferne war ich von diesem Land fasziniert gewesen, das nach dem Krieg das Wunder des Wiederaufbaus geschafft hatte, zu einem geachteten Mitglied der Staatengemeinschaft geworden war und dem nach den Jahrzehnten des Kalten Krieges die friedliche Wiedervereinigung gelang. Deutschland war das Land meiner Hoffnung, hier wollte ich Freiheit und Selbstverwirklichung erlangen. Doch nach der Faszination kam die Frustration. Auf die (zu) hohen Erwartungen folgte die Enttäuschung. Freiheit bekommt man nicht geschenkt, nur weil man ein Land der Unfreiheit verlässt und in ein Land einwandert, das viele Freiheiten gesetzlich garantiert.

Das Paradox war, dass ich eigentlich Deutscher werden wollte. Vielleicht sehnte ich mich nach dieser neuen »Ersatzidentität«, weil ich glaubte, die alte damals abstreifen zu können. Vielleicht war die angestrebte neue deutsche Identität damals nur eine Flucht vor den vielen offenen Fragen, die ich mit meiner ägyptischen Identität nicht verhandeln wollte oder konnte. Eine konkrete Vorstellung aber, was mit dieser neuen Identität verbunden sein könnte, hatte ich nicht.

Ich versuchte zunächst, einen Zugang zur deutschen Identität durch die üblichen Kulturklischees zu finden: Ich hörte Wagner und Beethoven, zwang mich, Schwarzbrot zu essen, und freute mich auf die Spargelsaison. Einige Grenzen konnte ich überschreiten, andere nicht. Ich trank Hefeweizen und ging Ski fahren, doch Currywurst oder gar Weißwurst konnte ich nicht essen. Ich trug eine bayerische Lederhose und hörte alte deutsche Volkslieder. Ich habe versucht, Deutschland in Fragmenten zu finden. In der Literatur, in der Philosophie, im Fußball, in der Politik. Doch wer Fragmente sucht, wird mit den Fragmenten der eigenen Identität und der eigenen Gedankenwelt konfrontiert. Und das kann fatale Folgen haben.

Die nächste Etappe meiner Beziehung zum Land war von der

Angst geprägt, meine Identität zu verlieren, ohne von den Deutschen als Deutscher anerkannt zu werden. Diese Angst war so stark, dass ich einerseits alles tat, um Deutscher zu werden und gleichzeitig alles tat, um mich mit Deutschland *nicht* zu identifizieren. Ich lernte Deutsch in Rekordzeit, studierte hart und galt als Musterausländer. Ich trank Alkohol, hatte sexuelle Beziehungen mit mehreren Frauen. Gleichzeitig wurde ich immer religiöser und blickte auf die Deutschen als Sünder herab. Ich fühlte mich als Opfer, sah in meiner Umwelt das Böse.

Nach der Angst kam der Bruch. Dann der Zusammenbruch. Ich konnte meine Doppelmoral und die Last der Entfremdung nicht länger aushalten. Ich klappte psychisch zusammen, brach mein Studium ab und wanderte nach Japan aus. Aus der Ferne lernte ich Deutschland neu kennen. Mir fehlten die Alpen, die deutschen Innenstädte und die politischen und gesellschaftlichen Debatten.

Mit der Rückkehr nach Deutschland verschwand die Angst allmählich und ich entwickelte ein gewisses Verständnis zum Land, zu seiner Geschichte, seinen Grenzen und seinen Möglichkeiten. Ich wollte nach wie vor Deutscher werden, aber die Beherrschung der Sprache und das Verständnis für gewisse Zusammenhänge allein reichen dafür nicht aus. Was fehlte, war das Bekenntnis zu diesem Land. Und dieses Bekenntnis konnte erst erfolgen, nachdem ich mich entschieden hatte, mich von Teilen meiner islamischen Identität zu trennen, die im Gegensatz zu einem freiheitlichen Leben stehen. Ich habe erkannt, dass Freiheit viel wertvoller ist als ein durch Angst und Kontrolle erzeugtes Gefühl der Sicherheit und Gewissheit. Ich habe die Freiheit umarmt und damit auch die Ungewissheit und die Ambivalenz.

Erst in meinem Ringen mit Deutschland habe ich die nötige Distanz gefunden, um mich Fragen zu meiner eigenen Geschichte und meinen eigenen Traumata zu stellen. Die Auseinandersetzung mit diesem Land, seiner Geschichte und seinen Werten hat mir geholfen, auch mich besser zu verstehen und bestimmte Episoden aus meinem Leben nicht voneinander isoliert zu betrachten. Denn so wie ich heute das Produkt all dessen bin, was in meinem Leben geschah und wie ich darauf reagierte, so ist Deutschland das Produkt all dessen, was auf seinem Boden geschah und wie es darauf reagierte. Es bringt nichts, eine Geschichte in Sternstunden und dunkle Jahre zu unterteilen, denn eines führt zum anderen. Deutschland wäre heute ein anderes Land, wenn es diesen langen Prozess mit all den Fehlern und Brüchen nicht durchlaufen und nichts daraus gelernt hätte. Und das Gleiche gilt auch für mich.

Nach dem Bekenntnis kam die Identifikation. Ich wurde immer »deutscher«, je mehr Städte und Dörfer ich in der Republik besuchte und je mehr ich mit Menschen über das, was ihnen unter den Nägeln brannte, diskutierte. Von Rosenheim bis Hamburg, von Dresden bis Freiburg. Ob an der Nordsee oder in den Alpen, ob im Ruhrgebiet oder in der Sächsischen Schweiz, überall genoss ich die unterschiedlichen Dialekte und die regionalen Besonderheiten. Überall sah ich die Unterschiede zwischen den Regionen, doch immer sah ich einen roten Faden, der sie verbindet: Eine gemeinsame kulturelle Identität auch jenseits der Sprache, eine bestimmte Mentalität und eine Lebensweise, die auf ähnlichen Überzeugungen fußt.

Ich fühlte mich deutsch, als mein Lehrer, der mir vor 25 Jahren Deutsch beigebracht hatte, nach einem Vortrag in Augsburg zu mir kam und aus Stolz Freudentränen vergoss, weil mein Deutsch »so gut war«. Ich fühlte mich noch deutscher, als ich mich entschied, in Berlin zu leben, jener Stadt, die mir mit ihren Brüchen und Narben und mit ihrer Lebensfreude am ähnlichsten ist. Als diese wunderbare und vielfältige Stadt von dem Terroranschlag auf den Weihnachtsmarkt getroffen wurde, weinte ich die ganze Nacht. Ich fühlte mich immer deutscher, je mehr Lob ich im Ausland über Deutschland hörte, und darüber freute ich mich, als gälte dieses Lob mir persönlich. Es ist schade, dass diese Stimmen hier im Land so wenig Gehör finden. Könnten sie doch dazu beitragen, dass man etwas selbstbewusster auf die eigenen Leistungen blickt.

Endgültig deutsch fühlte ich mich aber, als ein autochthoner Deutscher, dem meine Thesen bei einem Vortrag in Dresden nicht gefielen, mich fragte, warum ich nicht nach Ägypten zurückgehen und dort »solche Sachen« erzählen würde. Ich antwortete: »Ich bin Deutscher, damit müssen Sie leben!« Meine Identität ist wie ich mich fühle, nicht was andere über mich denken. Ich fühle mich deutsch, ich denke deutsch, ich bin diesem Land emotional verbunden. Ich denke und schreibe auf Deutsch. Meine Gedanken werden hier veröffentlicht und diskutiert. Das Land machte bei mir einen Unterschied, und ich hoffe, davon etwas zurückgeben zu können.

Nach der Identifikation kam die Liebe. Ich liebe dieses Land, ich sehe seine Probleme und beschönige sie nicht, ich sehe aber auch seine Stärken. Gerade weil ich hier nicht geboren bin. Ich wurde in einer anderen Kultur sozialisiert und kann daher vielleicht viel freier über die Sonnenseiten reden als jemand, der immer den Schatten der anderen Seiten im Nacken spürt. Liebe und Selbstkritik, Respekt und Ehrlichkeit gehören immer zusammen, setzen sich sogar gegenseitig voraus. Das Bekenntnis zu Deutschland bedeutet für mich nicht nur, einen deutschen Pass zu besitzen, der mir fast überall auf der Welt ermöglicht, ohne Visum zu reisen. Es bedeutet vielmehr, dass ich die Werte dieses Landes achte und verteidige. Es bedeutet, seine Geschichte zu verstehen und die Konsequenzen daraus mitzutragen, auch wenn ich eine andere Haltung zu Schuld und Erinnerungskultur habe. Nicht die »Gnade der späten Geburt«, wie Helmut Kohl meinte, sondern die des gebürtigen Ausländers ermöglichen mir diese Sichtweise. Ich würde mir wünschen, dass die Lehren aus dem Zweiten Weltkrieg und dem Holocaust eine universellere Bedeutung bekämen und Deutschland hier mutig auf der Bühne der Weltgemeinschaft voranginge.

Deutsch-Sein bedeutet für mich heute, für Freiheit und Vielfalt einzustehen und gegen jede Form von Bevormundung, Einschüchterung und Extremismus einzutreten, egal aus welcher Ecke sie kommen. Deshalb habe ich auch dieses Buch geschrieben.

Ich bin Deutscher, ich bin Ägypter, und noch vieles mehr. Aber erst das Deutsch-Sein hat mir die Tür zum Weltbürger geöffnet. Um Kosmopolit zu sein, muss man vorher in einer nationalen Identität verankert sein. Einer Identität nicht im völkischen Sinne, sondern einer, die auf kulturellen und gesellschaftlichen Werten einer Gemeinschaft fußt, die sich der Freiheit, dem Humanismus und der Aufklärung verschrieben hat. In diesem Sinne kann eine internationale, weltoffene Identität eine nationale Identität auf das Beste erweitern, aber niemals ersetzen.

Dank

Mein Dank gilt dem Bundespräsidenten a. D. Joachim Gauck, dem Historiker Heinrich August Winkler, Thea Dorn, Sawsan Chebli, Sascha Lobo, Jürgen Neffe, Ahmad Mansour, Frank A. Meyer, Claus Christian Malzahn, Henryk M. Broder, Philipp Möller, Michael Schmidt-Salomon, Markus Antretter, Nabil El-Sobki, Alexander Simon und Stefan Ulrich Meyer für die fruchtbaren Gespräche und Denkanstöße! Und ein besonderer Dank gilt meiner Lektorin für die wie immer hervorragende Arbeit!

Anmerkungen

Einführung

1 https://www.spiegel.de/politik/ausland/streit-um-wuhan-virus-a-6bb570 bb-9f2b-4cd1-a895-fdeabf53f6b4

Kapitel 1 **Wer sind wir?**
Fluch und Segen einer gemeinsamen Identität

1 Daniel Frymann, d. i. Heinrich Claß: Wenn ich der Kaiser wär'. Politische Wahrheiten und Notwendigkeiten. Dietrichsche Verlagsbuchhandlung, Leipzig 1912, S. 86

2 Deutscher Wald e. V. – Bund zur Wehr und Weihe des Waldes (Hrsg.): *Deutscher Wald* 20/1926, S. 1

3 Joseph von Eichendorff, Der Jäger Abschied, in: ders., Gedichte. Erster Teil, herausgegeben von Harry Fröhlich und Ursula Regener, Kohlhammer, Stuttgart 1993, S. 151

4 Ernst Moritz Arndt: Reisen durch einen Theil Teutschlands, Italiens und Frankreichs in den Jahren 1798 und 1799, erster Theil, Heinrich Gräff, Leipzig 1801, S. 66

5 https://www.academia.edu/35308718/Natur_der_Nation._Der_deutsche_ Wald_als_Denkmuster_und_Weltanschauung_in_Aus_Politik_und_ Zeitgeschichte_67.49-50_2017_4-10

6 Thomas Mann: Betrachtungen eines Unpolitischen (1918). Fischer TB, Frankfurt/Main, 2015, S. 33 f.

7 Dieter Borchmeyer: Was ist deutsch? Die Suche einer Nation nach sich selbst, Rowohlt, Berlin, 2017

8 Ludwig Bellermann: Schiller, Verlag Seemann, Leipzig u. a., 1901, S. 213

9 Friedrich Ludwig Jahn: Deutsches Volksthum, Niemann und Comp., Lübeck 1810, S. 23

10 Ebd., S.199 f.

11 Ernst Moritz Arndt: »Über Volkshass und über den Gebrauch einer fremden Sprache« (1813), in: Peter Alter (Hrsg.): Nationalismus. Dokumente zur Geschichte und Gegenwart eines Phänomens, Serie Piper, München 1994, S. 157 f. 3

12 Ernst Moritz Arndt: »Das preußische Volk und Heer« (1813), zitiert nach: Winkler, a. a., S. 64

13 Ernst Moritz Arndt: Geist der Zeit (1813), S. 356

14 Jürgen Habermas: »Eine Art Schadensabwicklung«, in: Historikerstreit, Serie Piper, München 1987, S. 75 f.

15 Ebd.

Kapitel 2 Erinnerungskultur, Willkommenskultur, Wutkultur: Wenn Schuld spaltet, statt zu einen

1 https://www.welt.de/politik/deutschland/article173121465/Joachim-Gauck-Sogar-der-weltoffene-Mensch-geraet-an-seine-Grenzen.html

2 Ebd.

Kapitel 3 Republik der Untertanen? Das deutsche Bürgertum und die Angst vor der Freiheit

1 Milovan Djilas: »Conversations with Stalin«, Harcourt, Brace and World, New York 1962; zitiert in: *Der Spiegel* 15/1962

2 Zitiert nach: Eberhard Urban u. a. (Hrsg.): Der neue Büchmann. Geflügelte Worte, Bassermann, München 2007, S. 458

3 Thomas Nipperdey: Deutsche Geschichte 1800–1866, Bürgerwelt und starker Staat, Band 1, C.H.Beck Verlag, München 1983

4 https://www.tagesschau.de/faktenfinder/ddr-vergleich-wende-101.html

Kapitel 4 Vom Hambacher Fest zum Hambacher Forst: Das rebellische und freiheitliche Herz des Bürgertums

1 Joachim Radkau: »Die Ära der Ökologie«, *FAZ*, 17. März 2011

2 Edo Reents: »Das schreckliche Feuerzeichen«, *FAZ*, 6. April 2011

Kapitel 5 Meinungsunfreiheit oder Feigheit, die eigene Meinung zu sagen?

1 Renate Köcher: »Immer mehr Tabuthemen«, *FAZ*, 22. Mai 2019

2 https://www.stern.de/kultur/tv/dieter-nuhr--der-satiriker-im-stern-interview-9033180.html

3 Siehe dazu auch: https://www.nzz.ch/meinung/politische-korrektheit-ist-oft-nicht-mehr-als-zum-prinzip-erhobenes-unvermoegen-ld.1371721

4 https://www.sueddeutsche.de/politik/kenan-malik-ueber-multikulturalis
   mus-es-ist-notwendig-dass-menschen-sich-beleidigen-1.4092684
5 https://www.zeit.de/2018/25/sandra-maischberger-talkshow-themen-
   fluechtlinge-populismus-demokratie

Kapitel 6 Der Kniefall vor der Unfreiheit:
Wie Wut und Hass die Demokratie vergiften

1 https://www.dw.com/de/
   chronologie-rechte-gewalt-in-deutschland/a-49251032
2 https://www.tagesschau.de/inland/afd-verfassungsschutz-165.html
3 https://twitter.com/kallenje/status/1188580274667479057
4 https://www.deutschlandfunkkultur.de/umgang-mit-rassismus-hassen-ja-
   aber-das-richtige.1005.de.html?dram:article_id=462197
5 https://twitter.com/hasnainkazim/status/1190158792975106048?lang=de
6 https://www.spiegel.de/spiegel/print/d-15737880.html
7 https://www.faz.net/aktuell/politik/inland/gespraech-ueber-unsere-ge-
   sellschaft-und-den-islam-14368816.html

Kapitel 7 Rasender Stillstand: Wie die Angst vor dem
Wandel Deutschland lähmt

1 Thomas Wolfe: Es führt kein Weg zurück, Rowohlt Verlag, Hamburg
   1950, S. 533
2 https://www.spiegel.de/spiegel/print/d-41955159.html
3 https://www.focus.de/regional/hamburg/hamburg-zukunftsforscher-
   warnt-stimmung-in-deutschland-so-schlecht-wie-lange-nicht_
   id_10113446.html
4 https://www.businessinsider.de/politik/statistik-zeigt-wie-abgehaengt-
   deutschland-bei-der-digitalisierung-ist-2019-10/

Kapitel 8 Migration: Chance oder Gefahr
für die deutsche Identität?

1 https://www.zeit.de/2016/35/grenzoeffnung-fluechtlinge-september-2015-
   wochenende-angela-merkel-ungarn-oesterreich/seite-4

Weiterführende und zitierte Werke

Alter, Peter (Hrsg.): Nationalismus. Dokumente zur Geschichte und Gegenwart eines Phänomens, Serie Piper, München 1994

Arndt, Ernst Moritz: Reisen durch einen Theil Teutschlands, Italiens und Frankreichs in den Jahren 1798 und 1799, erster Theil, Heinrich Gräff, Leipzig 1801

Bellermann, Ludwig: Schiller, Verlag Seemann, Leipzig u. a., 1901

Borchmeyer, Dieter: Was ist deutsch?, Rowohlt Berlin, 2017

Dorn, Thea / Wagner, Richard: Die Deutsche Seele, Knaus Verlag, München 2011

Fukuyama, Francis: Identity. The Demand for Dignity and the Politics of Resentment, Profile Books, London 2018

Frymann, Daniel d. i. Heinrich Claß: Wenn ich der Kaiser wär'. Politische Wahrheiten und Notwendigkeiten. Dietrichsche Verlagsbuchhandlung, Leipzig 1912

Habermas, Jürgen: Strukturwandel der Öffentlichkeit. Untersuchungen zu einer Kategorie der bürgerlichen Gesellschaft, Suhrkamp Verlag, Frankfurt a. M. 1990

Habermas, Jürgen: Theorie des kommunikativen Handelns, Band 1 und 2, Verlag, Frankfurt a. M. 2011

Jahn, Friedrich Ludwig: Deutsches Volksthum, Niemann und Comp., Lübeck 1810

Kaiser, Maria Regina: Hildegard von Bingen. Die mächtigste Nonne des Mittelalters, Herder Verlag, Freiburg im Breisgau 2018

Kostner, Sandra (Hrsg.): Identitätslinke Läuterungsagenda. Eine Debatte zu ihren Folgen für Migrationsgesellschaften, Ibidem-Verlag, Stuttgart 2019

Lenzen, Manuela: Künstliche Intelligenz. Fakten, Chancen, Risiken, C. H. Beck Verlag, München 2020

Maaz, Hans-Joachim: Die narzisstische Gesellschaft. Ein Psychogramm, dtv, München 2014

Malzahn, Claus Christian: Deutschland, Deutschland. Kurze Geschichte einer geteilten Nation, dtv, München 2005

Mann, Thomas: Betrachtungen eines Unpolitischen (1918). Fischer TB, Frankfurt/Main, 2015

Mann, Thomas: Buddenbrooks. Verfall einer Familie. Fischer Verlag, Frankfurt a. M. 2008

Münkler, Herfried: Der Dreißigjährige Krieg. Europäische Katastrophe, deutsches Trauma 1618–1648, Rowohlt, Berlin 2017

Nipperdey, Thomas: Deutsche Geschichte 1800–1866, Bürgerwelt und starker Staat, Band 1, C. H. Beck Verlag, München 1983

Nolte, Ernst: Der Faschismus in seiner Epoche. Action française, Italienischer Faschismus, Nationalsozialismus, Piper Verlag, München 2000

Plessner, Helmut: Die verspätete Nation, Suhrkamp Verlag, Frankfurt a. M. 2001

Safranski, Rüdiger: Romantik: Eine deutsche Affäre, Fischer Taschenbuch, Frankfurt a. M. 2009

Schilling, Heinz: Martin Luther. Rebell in einer Zeit des Umbruchs, C. H. Beck Verlag, München 2017

Stollberg-Rillinger, Barbara: Das Heilige Römische Reich Deutscher Nation. Vom Ende des Mittelalters bis 1806, C. H. Beck Verlag, München 2018

Tibi, Bassam: Europa ohne Identität? Europäisierung oder Islamisierung, Ibidem-Verlag, Stuttgart 2016

Winkler, Heinrich August: Der lange Weg nach Westen – deutsche Geschichte I und II: Bd. 1: Vom Ende des Alten Reiches bis zum Untergang der Weimarer Republik. Bd. 2: Vom ›Dritten Reich‹ bis zur Wiedervereinigung, C. H. Beck Verlag, München 2014

Winkler, Heinrich August: Geschichte des Westens. Von den Anfängen in der Antike bis zum 20. Jahrhundert, C. H. Beck Verlag, München 2016

Wolfe, Thomas: Es führt kein Weg zurück, Rowohlt Verlag, Hamburg 1950